Hedging, speculazione e arbitraggio:

il Forex e i derivati finanziari

Marco Notari

«Nella vita ci sono cose ben più importanti del denaro. Il guaio è che ci vogliono i soldi per comprarle!»

(Groucho Marx)

ISBN 978-1-326-67574-5

Sommario:

1. Il mercato dei cambi

1.1 Valute e mercato: il Forex pag.12

1.2 Mercati dei cambi: un po' di storia pag.15

1.3 I principali attori del mercato pag.22

2. Il tasso di cambio

2.1 Tasso di cambio e quotazioni pag.27

2.2 Come si formano i prezzi sul mercato dei cambi pag.29

3. Cosa guardano gli investitori

3.1 Le variabili sotto la lente degli operatori pag.31

3.2 I market mover Usa pag.38

3.3 Gli indici di fiducia europei pag.52

3.4 Le politiche monetarie pag.55

4. Gli strumenti finanziari derivati

4.1 I derivati finanziari pag.58

4.2 Le principali categorie di base pag.63

4.3 Copertura, speculazione e arbitraggio: una lunga storia pag.67

4.4 La leva finanziaria pag.74

5. I contratti più diffusi

5.1 I contratti a termine pag.78

5.1.1 I contratti futures pag.82

a) Come si determina il prezzo di un future
b) L'Interest rate future
c) Il currency future
d) Lo stock index future

5.1.2 I contratti forward pag.90

5.2 Le opzioni pag.93

a) Quanto vale un'opzione

5.3 Gli swap pag.100
a) Gli Interest Rate Swap
b) I currency swap
c) I credit default swap
d) I total return swap
e) Gli asset swap
f) Altre tipologie di contratti swap

5.4 I warrant e i covered warrant pag.112

6. Strategie di copertura e investimento
6.1 Finalità dell'operatività in derivati pag.114
6.2 Utilizzo strategico dei futures pag.123
6.3 Il rischio commodity pag.128
6.4 Strategie con le opzioni pag.131
6.5 Perché gli swap? pag.137

Appendice1 *L'operatività spot sul Forex: i costi principali pag.140

Appendice 2 *Trading, speculazione e azzardo online: CFD e opzioni binarie pag.143

Appendice 3 *La crisi dei subprime pag.147

Riferimenti pag.151

Prefazione

Il mercato dei cambi e quello dei derivati sono i mercati più liquidi e speculativi al mondo, i principali "ingranaggi" del sistema economico globale.

Il mercato dei cambi ha raggiunto dimensioni fino a qualche anno fa impensabili. Lo scambio di valuta non sembra affatto risentire della congiuntura economica. Con l'esplosione della crisi, anzi, il volume di denaro negoziato sulle principali divise mondiali è ulteriormente aumentato, confermando il Forex quale fenomeno del tutto indipendente dall'economia reale.

Oggi, infatti, gran parte delle transazioni che avvengono su di esso è del tutto svincolata dal trasferimento di un bene, o dal pagamento di un servizio, tra i Paesi le cui valute sono scambiate.
Scopo delle seguenti pagine è quello di evidenziare i fattori che condizionano il funzionamento del Forex e supportano le scelte degli investitori: dopo una breve descrizione del Forex e dei passaggi storici che hanno portato all'attuale sistema internazionale dei cambi, introduco il tasso di cambio e i meccanismi di formazione dei prezzi secondo le nozioni dell'economia classica, per spostare infine

l'attenzione sulle variabili fondamentali che operatori, investitori, cronisti e osservatori dei fatti economici in generale seguono più assiduamente

Anche'essa imponente, ma con qualche frenata durante la fase più cruenta delle recessione, la crescita del mercato degli strumenti derivati più diffusi negoziati sulle principali piazze finanziarie e sui mercati OTC più liquidi. Futures, swap, forward e options, strumenti di origini antichissime ma estesi su scala mondiale soltanto negli anni '70 dello scorso secolo, sono arrivati infatti a generare un giro che vale più di 10 volte il Pil mondiale, Nelle seconda parte del lavoro, dopo averne evidenziato le caratteristiche comuni, descrivo le categorie di derivati finanziari più note, evidenziando la forte componente assicurativa e speculativa che li caratterizza.

mn

Valute e mercati: il Forex

1. Il mercato dei cambi

1.1 Valute e mercati: il Forex

Lo scambio di moneta, prerogativa del sistema economico mondiale, è basato su continue transazioni quotidiane che avvengono attraverso il Forex, il mercato più liquido, e speculativo, al mondo, capace di generare un giro d'affari superiore a 5.000 miliardi di dollari Usa al giorno (dati BIS – Bank for International Settlements).
Un volume di denaro pari a più di tre quarti delle transazioni quotidiane su base mondiale, ben oltre il doppio di quanto negoziato sullo stesso mercato Forex poco più di dieci anni fa.
Dando un'occhiata all'ultimo report 2015 della Banca dei Regolamenti Internazionali (BIS: «Triennial Central Bank Survey»), nel

periodo 2001-2013 il turnover giornaliero di operazioni è quasi quintuplicato, con l'apporto delle cosiddette 'other financial institutions', categoria che comprende le 'non-reporting banks', gli hedge funds, i fondi pensione, le compagnie di assicurazione e le banche centrali, lievitato al 53% e in costante crescita dal 2007.
Siamo di fronte a cifre che da sole fanno capire quanta importanza ricopra oggi il Forex nell'economia mondiale e come lo scambio di valuta sia intenso e rapido, indipendente da ogni tipo di congiuntura economica.

Forex sta per FOReign Exchange market, il mercato in cui si scambiano le diverse valute mediante un tasso di cambio, il meccanismo con il quale si stabilisce il valore di una divisa in termini di un'altra.
L'importanza di questo mercato interbancario si basa sull'assunto che ogni transazione economica e finanziaria che coinvolge operatori di diversi Paesi deve necessariamente passare attraverso l'acquisto e la vendita delle rispettive valute.
L'85% dei volumi negoziati sul Forex sono scambiati Over The Counter (OTC), tra banche e broker senza il filtro del mercato (e, dunque, senza listini di borsa e book di negoziazione riportante più prezzi), e solo il

restante 15% sui mercati regolamentati.
Sui mercati OTC le controparti interessate alla negoziazione, in via di massima, fissano liberamente i termini del contratto senza che vi siano, di fatto, prezzi ufficiali: i prezzi a cui vengono concluse le trattazioni sono comunicati in tempo reale alle agenzie di stampa internazionali specializzate nell'informazione finanziaria (come Reuters e Bloomberg), che li rendono immediatamente pubblici.
Sui mercati regolamentati, invece, ogni operatore ha come controparte il mercato, non il singolo acquirente o venditore, e lo scambio avviene a prezzi ufficiali. Sarà poi la clearing house ad assicurare il rispetto dei contratti conclusi, che hanno tutti delle caratteristiche standardizzate.
Nonostante le enormi differenze, bisogna tuttavia chiarire che gli enormi volumi scambiati, le consuetudini operative delle banche e dei broker che trattano quotidianamente valuta e gli strumenti informatici (e informativi) messi a disposizione degli operatori rendono anche i mercati Over The Counter pressoché standardizzati (e di facile accesso).

1.2 Mercato dei cambi: un po' di storia

La centralità del Forex nell'economia contemporanea è la conseguenza dell'abbandono del regime di cambi fissi con il dollaro vigente su scala mondiale fino agli inizi degli anni '70.
Nel 1971 il presidente Nixon dichiara che gli Usa non possono più garantire la conversione in oro dei dollari in mano agli altri Stati, sancendo così la revoca degli accordi di Bretton Woods, primo vero esempio di un sistema di regole concordato su base mondiale per il controllo delle politiche monetarie internazionali.
Nelle nota località del New Hampshire, la prima colonia britannica nordamericana a staccarsi dalla corona inglese nel gennaio 1776, contribuendo a fondare sei mesi dopo, con altri 12 Stati, gli Stati Uniti d'America, nel mese di luglio 1944, su iniziativa degli Usa e nella piena consapevolezza del caos monetario che tra i due conflitti mondiali aveva generato una guerra commerciale senza precedenti, si fissarono infatti i principi per un governo del sistema

monetario tra Paesi indipendenti.
Dopo 22 giorni di estenuanti ed aspre riunioni gli oltre 700 delegati dei 44 Paesi alleati rappresentati a **Bretton Woods** convennero:

- la creazione del Fondo monetario internazionale (FMI) e della Banca internazionale per la ricostruzione e lo sviluppo (BIRS).
Compito principale del Fondo era quello di vigilare sulla stabilità del sistema monetario in modo da garantire le basi per la ricostruzione del commercio internazionale libero e multilaterale.
Il peso di ogni stato membro nel Fondo era fissato in proporzione alla quota di capitale di esso sottoscritto;
- la possibilità per gli stati in situazioni di disavanzo di accedere ai prestiti del FMI attraverso i diritti di prelievo;
- la convertibilità in dollari Usa di tutte le valute (sistema 'dollaro-centrico');
- il vincolo per le banche centrali di ogni singolo Paese di mantenere un cambio stabile con il dollaro (il cui valore, a sua volta, era agganciato alle quotazioni del'oro), con l'obbligo (non per la Federal Reserve) di riallinearlo attraverso il ricorso ad operazioni di

mercato aperto in caso di scostamenti (al rialzo o al ribasso) del tasso di un punto percentuale rispetto agli accordi;
- che la svalutazione fosse votata unicamente dal FMI e solo al verificarsi di problemi strutturali. Al Fondo toccava inoltre vigilare sull'applicazione di tali politiche monetarie da parte del singolo Paese in difficoltà;
- la cosiddetta 'clausola di scarsità', secondo la quale se una valuta era scarsa, gli altri Stati potevano unilateralmente decidere di ridurre le importazioni da quel Paese per far ripartire le proprie.

Gli accordi non consentivano tuttavia la corretta individuazione del quantitativo di dollari in circolazione, permettendo così agli Usa di esportare la loro inflazione nel resto del mondo e ridurre, di conseguenza, il potere d'acquisto all'interno dei Paesi partner, ma il sistema monetario creato riuscirà comunque a calmierare per oltre un quarto di secolo i conflitti economici tra gli Stati alleati.

Dopo la guerra in Vietnam e, in generale, il forte indebitamento raggiunto dagli Stati Uniti per finanziarie conflitti bellici, sorreggere l'espansione delle proprie

multinazionali e, in generale, far fronte all'aumento delle richieste di conversione in dollari delle riserve in oro, il sistema entrò in crisi e il 15 agosto 1971, come anticipato, il presidente Richard Nixon, a **Camp David**, una delle residenze del primo cittadino Usa (nota soprattutto per il trattato di pace raggiunto tra Egitto e Israele nel 1978 con Jimmy Carter alla Casa Bianca), annunciò la sospensione della convertibilità del dollaro in oro e l'introduzione di una tassa sulle importazioni negli Usa pari al 10%.
A dicembre dello stesso anno il G-10 siglò a Washington lo **Smithsonian Agreement**, decretando ufficialmente la fine degli accordi di Bretton Woods.
Con l'accordo raggiunto presso lo Smithsonian Institute si stabilì una svalutazione del dollaro del 7,9%, fissando un tasso di cambio con l'oro pari a 38 dollari per oncia ma senza ripristinare l'obbligo della Fed di scambiare dollari in oro sospeso da Nixon. Il nuovo trattato abolì la tassa sulle importazioni voluta pochi mesi prima da Nixon e modificò i tassi di cambio tra le altre monete stabilendo una banda di oscillazione del 2,25% intorno alle nuove parità.
Fondo monetario internazionale e Banca mondiale (l'evoluzione della BIRS), pur nate

per vigilare su un sistema di cambi fissi tra le valute, tutte agganciate al dollaro, il cui valore era a sua volta legato all'oro, restavano in vita per garantire la liberalizzazione del commercio internazionale e la tenuta del sistema monetario.

Poco più di un anno dopo, nel febbraio del 1973, complici gli shock petroliferi che si intensificheranno l'anno successivo e l'aumento della domanda di dollari correlata alla dimensione economica raggiunta da Francia e, soprattutto, Germania e Giappone, Paesi per i quali le restrizioni commerciali imposte loro dopo la fine del secondo conflitto mondiale stavano affievolendosi, ogni legame tra dollaro e valute estere, e lo standard aureo in generale, venne definitivamente abbandonato: il sistema dei cambi a livello globale divenne flessibile (una fluttuazione controllata dalle Banche centrali), con il conseguente venir meno di un caposaldo del capitalismo moderno, la centralità sovrana degli Usa, e, dunque, del dollaro.
Nel gennaio 1976 a **Kingston** (Giamaica) il sistema dei cambi introdotto con gli accordi di Bretton Woods subì ancora un'ulteriore drastica revisione, accogliendo il principio

che i tassi di cambio dovessero adeguarsi alle esigenze (mutevoli) della politica economica interna dei singoli Stati.
Nel 1978, altro anno di shock petroliferi e forti tensioni sociali, i principali Paesi europei, consci dell'impossibilità di lì a pochi anni di poter fronteggiare il debito pubblico e la tenuta del potere d'acquisto e degli investimenti conseguenti alle guerre commerciali nel Vecchio continente scaturite dal nuovo regime dei cambi, diedero vita ad un **Sistema monetario europeo**, lo SME, con l'obiettivo principale di ridurre l'inflazione attraverso la stabilizzazione dei cambi e l'unificazione della moneta europea attraverso la creazione di una moneta unica, l'ECU. Questo sistema, con il **Rapporto Delors** (1988) e il **Trattato di Maastricht** (1992), porterà alla creazione nel 1992 dell'UEM (Unione Economica e Monetaria) che guiderà alla nascita, nel 1999, della moneta unica europea, l'euro.

L'euro, dalla sua introduzione, ha acquistato un ruolo fondamentale quale moneta di riserva internazionale, seconda solo al dollaro Usa.
L'aumento degli squilibri nelle bilance dei pagamenti tra i grandi Paesi emergenti,

capaci di favorire le proprie esportazioni con il cambio debole, e gli Stati Uniti, sempre attenti a mantenere elevata la domanda interna anche a discapito dell'equilibrio sui mercati internazionali, ha infatti amplificato la debolezza del dollaro e velocizzata la diversificazione delle riserve internazionali. E allo stesso tempo la Cina ha cominciato a promuovere l'uso della propria moneta sui mercati globali.

Oggi il sistema dei pagamenti internazionale gira principalmente su tre monete, dollaro, euro e yen, con la sterlina e il dollaro australiano le valute più scambiate sul Forex. Queste cinque divise, inoltre, con il franco svizzero e il dollaro canadese, le monete rifugio per tanti investitori, coprono quasi la totalità degli scambi, mentre le altre movimentano volumi davvero marginali.

1.3 I principali attori del mercato dei cambi

Il tasso di cambio è il numero di unità della valuta di uno Stato, o di un'area valutaria, che devono essere scambiate in modo da ottenere un'unità di un'altra valuta di un altro Paese (o di un'altra area monetaria).
Il tasso di cambio di mercato tra due valute è dato dall'incontro tra domanda ed offerta provenienti dai partecipanti al mercato del tasso di cambio della valuta estera.
Il suo valore segue, in estrema sintesi, le dinamiche di domanda ed offerta valevoli per ogni bene o servizio negoziato in economia.

Il mercato Forex coinvolge diversi attori ufficiali e privati ed è operativo per 24 ore su 24, dalla domenica sera (avvio negoziazioni in Estremo Oriente, Australia e Nuova Zelanda) al venerdì notte (chiusura negli Stati Uniti).
I prezzi delle valute, infatti, scorrono senza sosta in concomitanza dell'apertura della

piazze finanziarie mondiali.

I principali protagonisti del Forex possono dividersi nelle seguenti categorie:

- banche e broker-dealer che agiscono per conto proprio o per la clientela;
- broker che operano solo per conto della clientela;
- banche centrali.

Banche e **broker-dealer** negoziano valute per conto proprio o dei propri clienti per la copertura di posizioni aperte su altri mercati o per fini principalmente speculativi. I clienti per i quali operano banche e broker-dealer sono società dedite all'export, investitori e speculatori, per conto dei quali per trovare una controparte con cui concludere la transazione desiderata le banche possono rivolgersi o direttamente ad un'altra banca, o ad un **broker**. Questi, dal canto loro, non operano per conto proprio, ma mettono in contatto i loro clienti per concludere le transazioni.

Le **banche centrali**, invece, intervengono sul mercato (come un operatore ordinario) comprando e vendendo valuta per cercare di influenzare il tasso di cambio, calmierarne la

volatilità o perseguire gli obiettivi di politica economica prefissati dai governi o dalle istituzioni monetarie centrali come nel caso dell'Eurozona.
Un ruolo questo che in passato, quando il volume delle transazioni sul mercato dei cambi era modesto, si è dimostrato spesso alquanto efficace, nonostante il correlato controllo dell'inflazione e del debito pubblico sia sfuggito sempre più di mano agli organi istituzionali, ma che negli ultimi decenni, data l'esponenziale crescita dei volumi trattati sul Forex, lo è diventato sempre meno, tanto che si è accelerato quel processo di adesione di molti Stati alle aree valutarie ottimali (dollaro Usa, euro e yen) così da avere quello schermo protettivo dalla speculazione e dalla volatilità dei prezzi del mercato (soprattutto delle materie prime e dei beni cosiddetti essenziali) che solo una divisa forte ed ampiamente utilizzata su scala globale può assicurare.

Altri soggetti che operano abitudinariamente sul mercato Forex sono:

- **esportatori**, che vendono beni all'estero ricevendo pagamenti in valuta straniera che scambieranno con quella in uso nel loro Stato;

- **importatori**, che acquistano beni da mercato esteri procurandosi valuta straniera per pagarli;
- **speculatori**, che cercano di cavalcare i movimenti di breve-medio periodo del prezzo delle valute senza interessarsi dei beni relazionati agli scambi delle stesse. Il riferimento è agli speculatori in senso lato (trader professionisti e occasionali compresi), poiché il termine nello specifico andrebbe correttamente utilizzato per individuare quelle categorie di operatori capaci di influenzare anche i prezzi delle valute (e dei beni o dei titoli, se operanti su altri mercati) movimentando frequentemente notevoli somme di denaro. Un'eventualità, quest'ultima, resa in realtà molto difficile dall'elevato numero delle transazioni su questo mercato;
- **arbitraggisti**, vale a dire gli specialisti che trattano i diversi prodotti Forex (spot, futures, opzioni ed altri ancora) garantendo l'allineamento dei prezzi.

L'arbitraggista è infatti un soggetto, investitore o trader, che sfrutta i possibili disallineamenti tra i prezzi sul mercato con evidenti fini speculativi. Le operazioni effettuate da un arbitraggista sono definite arbitraggi e si basano o su contrattazioni su strumenti dello stesso tipo ma con finalità ed

obiettivi opposti, ad esempio uno short ed un long sullo stesso titolo, oppure aprendo una posizione su un mercato e chiudendola in un altro mercato, dove lo stesso titolo è quotato, al fine di sfruttare il disallineamento tra i prezzi. Si possono quindi effettuare operazioni di arbitraggio ogni volta che una stessa attività finanziaria è negoziata su due mercati diversi a prezzi diversi o, nel caso di due attività perfettamente sostituibili tra loro, con identico prezzo.
L'operazione di arbitraggio consente così di ottenere un profitto certo limitando al minimo il rischio, a patto che il guadagno che si ottiene superi i costi di trasferimento del bene da un mercato all'altro.
Il differenziale di prezzo che genera il profitto è una chiara espressione delle asimmetrie informative tra un mercato e un altro (e tra operatori).

2. Il tasso di cambio

2.1 Tasso di cambio e quotazioni

Il tasso di cambio è lo strumento fondamentale per operare sul Forex, il rapporto tra due divise, una al numeratore e l'altra al denominatore.
L'ordine di acquisto o di vendita, per consuetudine internazionale, è relativo alla valuta posta al numeratore.
In concreto, quindi, se si effettua un'operazione di acquisto sul cambio euro/dollaro Usa (eur/usd) vuol dire che si acquistano euro vendendo contestualmente il controvalore in dollari: si parla in questo caso di posizione rialzista (long) eur/usd. Se,

viceversa, si vende il cambio eur/usd, si vendono euro e si comprano dollari statunitensi, assumendo una posizione ribassista (short).

Il rapporto di cambio tra due monete può essere identificato in due orientamenti, indicando quante unità di una servono per ottenere un'unità dell'altra o viceversa.
La valuta al numeratore è quella certa, mentre quella al denominatore, la cui quantità è suscettibile alle variazioni del prezzo, è la valuta incerta.
Oggi, per convenzione, l'euro è sempre la valuta certa, è sempre al numeratore del rapporto di cambio: i cambi che riguardano la divisa europea sono quindi quotati indicando quante unità di un'altra valuta occorrono per un euro.
La sterlina è al denominatore contro il solo euro, mentre è al numeratore contro tutte le altre valute.
Il dollaro Usa, che prima dell'entrata in vigore dell'euro era la valuta di riferimento sul mercato Forex, è invece al denominatore contro il dollaro australiano, l'euro e la sterlina, ma è al numeratore contro le restanti valute.

2.2 Come si formano i prezzi sul mercato dei cambi

Per il mercato Forex valgono, in generale, i principi cardini della teoria economica tradizionale: alla determinazione del prezzo del tasso di cambio contribuiscono la domanda e l'offerta di una valuta rispetto ad un'altra.

Ad influenzare la domanda e l'offerta di una valuta rispetto ad un'altra contribuiscono poi diversi fattori, legati per lo più alle condizioni economiche del Paese la cui valuta si sta negoziando.
Il riferimento, nello specifico, è a quei dati (Bilancia dei Pagamenti, conti pubblici, spread tra tassi di interesse reali, tasso d'inflazione, produttività e crescita) la cui combinazione determina il prevalere della domanda sull'offerta e viceversa: nel primo caso l'aumento della richiesta di moneta (al numeratore) spingerà verso l'alto il suo prezzo (e il tasso di cambio), determinandone dunque un apprezzamento; nell'altro si registrerà invece un ribasso del rapporto di cambio, un deprezzamento della valuta (e un apprezzamento, dunque, della divisa al denominatore).

La domanda di valuta, come anticipato, proviene principalmente da operatori privati (importatori di beni e servizi o detentori di titoli in valuta estera), banche centrali (per politiche monetarie e finanziarie) e broker-dealer che negoziano cambi per conto proprio o per la propria clientela.
La determinazione del suo prezzo è tuttavia legata alla combinazione di fattori che evidenziano sinteticamente le condizioni commerciali, economiche e finanziarie del Paese di cui la divisa è espressione.

In modo diretto, o per via indiretta, le variabili macroeconomiche che possono influenzare il mercato dei cambi sono numerose e le reazioni dell'andamento del prezzo di una valuta alle loro variazioni possono anche essere differenti nel brevissimo e nel medio-lungo periodo. Trattandosi di dati pubblici, infatti, nel momento della loro pubblicazione e nei giorni immediatamente successivi esse influenzano la percezione delle condizioni di un'economia Paese sia in quel dato istante, sia in termini di aspettative future, incidendo di conseguenza sull'operatività quotidiana (e sui piani di trading) del singolo operatore.

3.Cosa guardano gli investitori

3.1 Le variabili sotto la lente degli operatori

Il mercato Forex è condizionato soprattutto dalle variazioni riguardanti le principali variabili macroeconomiche utilizzate per misurare lo stato di salute economico e finanziario di un Paese, le più importanti delle quali, cioè quelle maggiormente osservate dagli operatori di mercato, sono:

Bilancia dei pagamenti. Nessun operatore, e tantomeno un analista finanziario, ignora le cifre, su base mensile, trimestrale e annua, riportate dalla bilancia dei pagamenti di un Paese. Si tratta del documento contabile riportante le transazioni di beni, servizi e strumenti finanziari che uno Stato effettua con gli altri Paesi, il cui segno e i cui volumi sono strettamente correlati ai tassi di cambio delle valute coinvolte.

Le correlazioni tra i tassi di cambio e la bilancia dei pagamenti non sono tuttavia lineari come un ragionamento strettamente contabile (entrate/uscite) potrebbe lasciare intendere: le variazioni import/export vanno infatti interpretate e le stime sono oggetto di continue revisioni.
Un Paese che importa più di quanto esporta registra di fatto un deficit nelle partite correnti della propria bilancia dei pagamenti e, di conseguenza, un fabbisogno finanziario per coprire i propri acquisti all'estero.
Il surplus dei capitali in entrata dovuto all'accumulo di debiti con l'estero e alla vendita di asset domestici, tuttavia, compensa il deficit registrato e, in generale, il fatto che uno Stato sta spendendo più di quanto produce.
Nel breve periodo, quindi, un deficit nelle partite correnti della Bilancia dei pagamenti di un Paese non necessariamente provoca un deprezzamento della sua valuta.
Ma lo stesso Paese non potrà di certo

mantenere per un lungo lasso di tempo elevati livelli di deficit, ancor più se passa da una congiuntura economica positiva ad una di segno negativo, caratterizzata da una diminuzione di flussi di capitali in entrata a causa di stime della crescita divenute nel frattempo pessimistiche: in tal caso è logico aspettarsi un calo del prezzo della sua divisa, che potrebbe manifestarsi anche con un certo impeto se questa è divenuta forte proprio durante il precedente ciclo economico positivo. Situazione diametralmente opposta, di solito, nel caso in cui il Paese registri un lungo periodo di surplus.

Finanze pubbliche. I conti pubblici dei diversi Stati hanno un notevole impatto sulla determinazione dei prezzi sui mercati valutari.
Una situazione caratterizzata da conti in disordine e crescente indebitamento può alimentare aspettative di maggiore inflazione o un aumento della pressione fiscale in un dato Paese: in entrambi i casi, nel caso di una congiuntura economica negativa cresce il rischio Paese e toccherà al tasso di cambio compensare alla mancata crescita dei

rendimenti delle attività reali e finanziarie dello Stato, deprezzandosi. C'è però un'incognita ed è rappresentata dai provvedimenti che possono adottare le autorità monetarie (banche centrali) di fronte ad un peggioramento delle finanze pubbliche, come le manovre al rialzo sui tassi di interesse ufficiali a breve e/o a lungo termine.

Differenziale tra tassi d'interesse reali. L'incremento (o la diminuzione) del differenziale tra i tassi d'interesse reali applicati da due Paesi o due aree valutarie provoca ordinariamente, nel breve periodo, un corrispondente apprezzamento (o deprezzamento) della valuta di uno nei confronti di quella dell'altra. È quanto si è osservato, ad esempio, con l'euro, e in misura molto più marcata, con il dollaro australiano e neozelandese di fronte al deprezzamento generalizzato (aumento della massa monetaria accompagnato da tassi d'interesse prossimi allo zero) del dollaro Usa avvenuto negli primi cinque anni della crisi finanziaria scoppiata nel 2008.

Nel medio-lungo periodo, ancora, il

rialzo dei tassi diventa un segnale di un'economia nel suo pieno sviluppo, un indicatore spesso seguito per effettuare investimenti in quel Paese, una scelta che implica un aumento della domanda della sua valuta.
Allo stesso tempo, tuttavia, un differenziale dei tassi per lungo tempo elevato può incidere anche negativamente sulle aspettative di crescita dello stesso Paese, nonostante gli investimenti iniziali in esso abbiamo garantito rendimenti piuttosto elevati. I tassi alti finiscono, in quest'ultimo caso, per diventare così un freno all'economia, un sintomo di una battuta d'arresto della crescita della sua ricchezza.

Tasso d'inflazione. Anche il tasso d'inflazione ha delle notevoli ripercussioni sul valore della valuta di un Paese.
Un inflazione interna in crescita rispetto a quella all'estero può rendere meno competitivi i prodotti e i servizi nell'ottica della loro esportazione. Un riequilibrio dell'export potrebbe ottenersi deprezzando la valuta, soprattutto se le esportazioni sono

fondamentali per l'economia del Paese che sta registrando una significativa inflazione interna, sebbene il corrispondente aumento di quest'ultima conseguente alla svalutazione della valuta finisce, nel medio-lungo periodo, per abbattere ancor più il potere d'acquisto dei cittadini, soprattutto per quanto riguarda l'impennata dei prezzi delle materie prime e dei beni di prima necessità importati e il loro impatto sui consumi quotidiani.

Crescita e produttività. Un Paese che produce utilizzando una struttura all'avanguardia ed è capace di crescere e, di conseguenza, remunerare tutti i fattori produttivi impiegati attrae senza dubbio più investimenti di altri con aspettative meno rosee. Ciò si traduce in un apprezzamento della sua valuta, anche in fasi economiche sfavorevoli.
Un buon indice di produttività denota infatti un'ottima tenuta del sistema nel tenere bassi i costi di produzione e contenere le spinte inflazionistiche interne.
Le aspettative di una bassa inflazione stimolano inoltre il risparmio e gli

investimenti, consentendo alla banca centrale nazionale di poter ricorrere a politiche monetarie espansive nelle eventuali fasi di congiuntura economica negativa che potrebbero manifestarsi successivamente (iniezioni di liquidità).

3.2 I market mover Usa

La forte interdipendenza tra una valuta e l'economia del Paese (o dell'area) di cui è essa è espressione concentra l'attenzione degli investitori sulle variabili macroeconomiche reputate più idonee a fotografarla.

Per il mercato, e per il Forex in particolare, non esiste tuttavia un valore assoluto di un dato e ci sono dati economici sicuramente più importanti di altri ma il cui rilievo in un dato momento dipende anche, e soprattutto, dalla congiuntura del periodo.

La reazione del mercato Forex alla pubblicazione dei dati sull'economia di un Paese, inoltre, non è lineare e scontata come si possa erroneamente credere: un risultato superiore o inferiore alle previsioni, ad esempio, genera certamente una serie di aspettative (positive o negative) e queste possono anche a loro volta trovare largo consenso tra i protagonisti del mercato dei cambi e far sottendere una decisa rivalutazione (o deprezzamento) della divisa interessata; ma non è raro, in concomitanza dell'annuncio ufficiale, osservare andamenti

grafici di segno diametralmente opposti a quelli prospettati perché una grossa fetta degli operatori ha già anticipato il rialzo (o il ribasso) delle quotazioni della moneta e sta generando profitti.
La componente speculativa che accompagna i mercati finanziari è infatti molto più marcata sul Forex.

Fatte queste brevi premesse, tra le variabili macroeconomiche più importanti per gli investitori mondiali e gli operatori sul mercato dei cambi si evidenziano i cosiddetti market mover, gli indicatori e le notizie cioè in grado di condizionare l'andamento del mercato valutario.
L'attenzione, in particolare, è soprattutto per i principali market mover Usa, capaci di influenzare il dollaro e, quindi, il mercato dei cambi in generale.

Bilancia commerciale. È il rapporto dettagliato delle importazioni e delle esportazioni di beni e servizi per prodotto e Paese pubblicato mensilmente, sei settimane dopo la chiusura del mese.
Per le fluttuazioni del dollaro contro le altre valute e la dipendenza da fattori stagionali l'indicatore è caratterizzato da elevata volatilità.

Gross Domestic Product (GDP). È la misura aggregata dell'andamento dell'economia degli Stati Uniti, l'equivalente del nostro Prodotto interno lordo (Pil). È pubblicato su base trimestrale, il mese dopo la chiusura del trimestre di riferimento, la terza o quarta settimana del mese.
Le componenti principali del Gross domestic product, espresso in tassi di crescita trimestrali annualizzati, sono consumi, investimenti, spesa pubblica e esportazioni nette (export-import).
Con questo tasso viene pubblicato anche il deflatore Gdp, che indica la variazione dei prezzi (inflazione) in relazione alla produzione totale nazionale.

Beige Book. Il Beige book è il report sulle condizioni generali dell'economia Usa che le dodici sezioni della Federal Reserve pubblicano 8 volte l'anno, di mercoledì, due settimane prima del meeting del Fomc (Comitato federale del mercato aperto) per l'annuncio dei tassi di riferimento.
Il Beige Book è generalmente composto da relazioni di direttori di banca e filiale, interviste a personaggi chiave del mondo degli affari, economisti ed esperti di mercato ed è fornito ai membri del Fomc con il Green

Book e il Blue Book, relazioni contenenti le previsioni della Fed circa l'economia degli Stati Uniti.

Rapporto di Politica Monetaria. È una relazione del Consiglio dei governatori della Federal Reserve presentato al Congresso Usa due colte l'anno, nel mese di febbraio e in quello di luglio.
La prima parte del report sintetizza le recenti decisioni politiche del governo e l'impatto che ci si attende da esse, la seconda affronta gli ultimi sviluppi economici e finanziari del Paese.

Rapporto del Federal Open Market Commitee (FOMC). È la sintesi della situazione economia negli Usa, il documento che fissa il livello del tasso di interesse-chiave e annuncia quanto farà la Federal Reserve sui mercati dei titoli di Stato.
Il Fomc, costituito da 7 membri del consiglio e 5 dei 12 presidenti di banca regionali, tra cui il presidente della Federal Reserve Bank of New York, si riunisce otto volte l'anno, stilando il rapporto ogni sei settimane, di martedì e mercoledì e pubblicando il verbale della riunione tre settimane più tardi.

Producer Price Index (PPI). Indica il tasso

di variazione dei prezzi del settore manifatturiero, l'indice dei prezzi alla produzione dell'economia Usa, pubblicato mensilmente, due settimane dopo la fine del mese.
Rilasciato dal Dipartimento del Lavoro mensilmente, il Ppi, riferito ad un paniere prefissato di beni capitali e di consumo destinato ai produttori, include gli indicatori dei prezzi dei beni coinvolti in tutte le fasi del ciclo produttivo: di particolare interesse quelli riferiti ai prezzi dei beni finiti e di quelli pronti per la vendita.
Ad esso si è soliti associare il **Ppi *core***, utilissimo per individuare il trend dei prezzi alla produzione di beni e servizi dal punto di vista del venditore in quanto esclude le categorie food e energy, entrambe caratterizzate da un'elevata volatilità dei prezzi. Motivo quest'ultimo per il quale l'indice è ritenuto un indicatore chiave dell'inflazione al consumo.

Consumer Price Index (CPI). Misura il tasso di variazione dei prezzi al consumo ed è pubblicato mensilmente, due settimane dopo la fine del mese.
È riferito ad un paniere di beni e servizi destinati ai consumatori finali ed è uno dei

principali indici per osservare l'inflazione Usa, motivo per il quale viene utilizzato dal Governo federale per decidere le politiche economiche da mettere in atto per prevenire l'inflazione, calcolare il Pil e decidere quali programmi adottare in materia di welfare e assistenza.

Il Cpi viene elaborato dal Dipartimento del Lavoro sulla base delle informazioni sui prezzi al dettaglio di 23mila imprese che servono 14.500 famiglie statunitensi.

I prezzi riguardano un campione di beni e servizi mentre i pesi utilizzati dal Dipartimento rappresentano le stime relative alla quota delle differenti tipologie di spesa in percentuale al totale delle spese coperte dall'indice.

L'indice include le imposte sulle vendite ma non quelle sul reddito, mentre il paniere utilizzato è rappresentativo dell'87% della popolazione Usa.

Il Cpi, tuttavia, non include i prezzi degli investimenti in azioni e obbligazioni, anche se taluni investimenti possano rientrare tra i prodotti assicurativi, non tiene conto della spesa dei consumatori statunitensi all'estero e di quella dei consumatori stranieri negli Stati Uniti e nella sua costruzione non prende in considerazione alcune categorie sociali come i gruppi straordinariamente

ricchi o quelli ben al di sotto della soglia di povertà, oltre che escludere gran parte della popolazione rurale poiché rappresentativo soprattutto delle abitudini di consumo delle famiglie urbane.
Come per il Cpi, infine, anche al **Ppi** viene associato un tasso ***core*** che non tiene conto, data la loro eccessiva volatilità, dei beni alimentari e dei costi energetici, sulla base del quale la Federal Reserve adotta le proprie decisioni sui tassi di interesse.

Ordini di beni durevoli. È uno dei dati più immediati per misurare le condizioni del settore manifatturiero. Pubblicato su base mensile, da tre a quattro settimane dopo la fine del mese, indica il volume di nuovi ordini di beni durevoli, vale a dire beni con almeno tre anni di vita tecnica, e la sua componente *nondefense capital goods*, calcolata al netto degli ordini proveniente dal settore della difesa, occupa grosso rilievo nelle analisi degli investitori nazionali ed internazionali.
Quest'ultima versione è un ottimo indicatore per stimare le prospettive dell'industria, del mercato del lavoro e la fiducia degli operatori al dettaglio nella crescita dell'economia nazionale.

Vendite al dettaglio. È un indice pubblicato su base mensile, 15 giorni dopo la fine del mese, che misura l'andamento delle vendite al dettaglio di beni durevoli e di consumo. Da esso sono escluse le vendite nei servizi.
Il focus è sul valore delle vendite al dettaglio depurato del settore auto, retail sales ex auto, in quanto molto volatile, fornendo indicazioni sui consumi delle famiglie.

Produzione industriale. È il valore complessivo della produzione industriale nazionale, la cui componente fondamentale è il manifatturiero. È pubblicato mensilmente, 15 giorni dopo la chiusura del mese, e misura la variazione dell'output dei settori manifatturiero, estrattivo, del gas e dell'elettricità con riferimento alla quantità fisica prodotta.
Con esso viene pubblicato anche il tasso di utilizzo della capacità produttiva, indicante il grado di impiego corrente delle risorse disponibili per l'attività produttiva.

PMI manifatturiero (o ISM manifatturiero). Il PMI (Purchasing Managers' Index) manifatturiero indica l'andamento del settore manifatturiero, sia in termini correnti, sia come stima per i mesi a seguire.

È rilasciato mensilmente, il primo giorno lavorativo sui dati del mese precedente, dall'Institute for Supply Management (ISM). Esso è composto dalla media ponderata di cinque sottoindici, nuovi ordini (30%), produzione (25%), occupazione (20%), consegne dei fornitori (15%) e scorte (10%), sulla base di un'indagine riguardo a diversi aspetti dell'andamento aziendale sottoposta a circa 400 direttori agli acquisti. Il valore degli indici al di sopra della soglia di 50 indica ripresa, al di sotto, viceversa, peggioramento della congiuntura economica.

PMI non manifatturiero (o ISM non manifatturiero). Identificato anche come Non Manifacturing Index (NMI), indica l'andamento corrente dei comparti non manifatturieri e la loro potenziale evoluzione per i mesi successivi. È pubblicato su base mensile nei primi giorni lavorativi successivi alla chiusura del mese di riferimento e con il PMI manifatturiero riesce a comprendere il 90% circa delle aziende che sono in grado di determinare il Pil statunitense.
Questo indice dei servizi, introdotto soltanto nel 1997 e dunque meno autorevole del PMI manifatturiero, si basa su un'indagine svolta tra circa 370 direttori d'acquisto scelti tra 62

settori non industriali (servizi bancari e assicurazioni, settore agricolo, vendita al dettaglio, comunicazioni etc) ed evidenzia un'espansione dell'economia se al di sopra di 50 punti ed una contrazione quando è sotto tale soglia.

Fiducia dei consumatori (UoM). È il Consumer Sentiment Index, l'indice che misura la fiducia dei consumatori, calcolato ogni mese, da oltre mezzo secolo, dall'Università di Michigan su un campione della popolazione di 500 persone, il 60% delle quali viene rinnovato ad ogni nuova indagine.
Il grado di fiducia dei consumatori è rilevato sia sulla situazione corrente, sia sul futuro, fornendo fin da subito una fotografia delle tendenze di consumo a lungo termine.
Il dato preliminare (il 60% dei risultati totali) viene rilasciata il secondo venerdì di ogni mese, mentre la relazione finale è pubblicata l'ultimo venerdì di ogni mese per quello precedente.
L'autorevolezza di tale indice è la logica conseguenza del sistema economico Usa, dove 2/3 del Pil sono costituiti proprio dai consumi domestici.
La sua forza è quella di sintetizzare componenti razionali e irrazionali (gran

parte delle persone intervistate non ha forti basi di economia, né grosse conoscenze in fatto di inflazione e tassi di interesse) e fornire indicazioni fondamentali circa l'andamento del ciclo economico.

Consumer Confidence Index (CCI). Il Consumer Confidence Index elaborato dalla Conference Board sintetizza la valutazione dei consumatori circa la situazione economica corrente (Present Situation Index) e le aspettative future (Expectations Index) ed è misurato su un campione di 5mila famiglie.
A differenza del precedente indice le stime, pubblicate mensilmente l'ultimo martedì del mese, sono condotte dando maggior peso alle aspettative future rispetto alla fiducia nella situazione corrente.

Rapporto sull'occupazione (Employment Situation). È un importantissimo report pubblicato nella settimana successiva la fine del mese contenente diversi indicatori sulle condizioni correnti del mercato del lavoro Usa quali numero di occupati, **tasso di disoccupazione**, espresso come rapporto tra numero di disoccupati e forza lavoro, le non-farm payrolls, l'**average workweek**,

indicante il livello medio del numero di ore lavorate nella settimana al netto di quelle impiegate nel settore agricolo, e la remunerazione media oraria.
L'indicatore è il risultato di due distinte indagini statistiche, una condotta sulle aziende e una sulle famiglie. La prima (establishment survey) rivela come le imprese non agricole vedono l'attuale contesto economico attraverso le loro previsioni di assunzioni e licenziamenti nell'immediato futuro; la seconda il tasso di disoccupazione (household survey).
La creazione di posti di lavoro e il miglioramento dei dati occupazionali in generale sono tra gli indicatori principali della capacità di spesa dei consumatori, aspetto quest'ultimo che non può non impattare sull'intera economia nazionale e sulla sua capacità di crescita percepita dagli investitori.
I dati del rapporto sull'occupazione sono infatti considerati il miglior termometro della salute dell'economia.

Non-Farm Payrolls (NFP). Indicano i posti di lavoro creati durante il mese precedente nel settore non agricolo, evidenziando agli occhi degli investitori lo stato di salute dell'economia Usa.

Pubblicato il primo venerdì del mese alle 14,30, l'indice misura la variazione del numero di persone che hanno trovato impiego durante il mese precedente, ad esclusione degli operai e degli statali.

Richieste di sussidi di disoccupazione (Unemployment Claims). È l'indice settimanale rilasciato ogni giovedì dal Dipartimento del Lavoro circa il numero di persone che hanno fatto richiesta di sussidio di disoccupazione la settimana precedente. A parte è indicato il numero di nuovi disoccupati, i posti di lavoro persi.

Indice del costo del lavoro (ECI). L'Employment Cost Index indica i cambiamenti nei livelli salariali (inflazione salariale). È pubblicato trimestralmente, quattro settimane dopo la fine di ogni trimestre, e condiziona le scelte della Fed circa i tassi di interesse di riferimento. Riferendosi ai dati dell'intero trimestre precedente la sua pubblicazione, l'indice non produce di solito effetti sorpresa.

Nuove costruzioni residenziali (New Residential Construction). L'indicatore si riferisce al settore dell'edilizia e tende ad

anticipare l’andamento dell'attività economica.
La realizzazione di nuove abitazioni è uno dei principali motori dell’economia e conferma grande fiducia nella propria situazione finanziaria, non solo per la spesa connessa all’acquisto, ma anche per tutte le spese successive che si dovranno sostenere (arredamento, manutenzione, tasse, imposte etc).

Vendita di abitazioni esistenti. È il dato del settore immobiliare che indica il numero, su base annua, di abitazioni già esistenti vendute sul mercato durante il mese precedente.
È pubblicato mensilmente, intorno al 25 del mese, e, riferendosi alla maggior parte delle vendite del settore, è considerato un indicatore primario dello stato della domanda complessiva del mercato.

Permessi di costruzione. Indica il numero di permessi rilasciati per la costruzione di nuove abitazioni ed è pubblicato mensilmente, da due a tre settimane dopo la fine del mese.

3.3 Gli indici di fiducia europei

Il mercato dei cambi è condizionato principalmente dai dati provenienti dagli Stati Uniti d'America.
Il dollaro Usa, in effetti, rappresenta anche la prima moneta al centro di una vera e propria area valutaria su scala mondiale, conseguenza delle alleanze commerciali e delle politiche monetarie che il Paese a stelle e strisce ha portato avanti con i Paesi confinanti e, soprattutto, con le nazioni trainate fuori dalle macerie della seconda Guerra mondiale e i maggiori produttori di materie prime.
Il biglietto verde è infatti ancora oggi la divisa ufficiale per le quotazioni su scala globale delle principali materie prime ed energetiche, nonché lo strumento di pagamento (di riferimento) delle stesse.

Per quanto riguarda l'Eurozona, sono soprattutto alcuni indicatori del clima di fiducia ("indici qualitativi") pubblicati periodicamente dall'Eurostat ad attirare l'attenzione degli operatori sul Forex.
Tra di essi ricordiamo l'indice di fiducia relativo ai consumatori (Consumer

Confidence Indicator), l'indice di fiducia relativo alle imprese (Industrial Confidence Indicator) e l'indice sintetico sulla fiducia economica (**Economic Sentiment Indicator**).
Ma grosso rilievo, pesando l'economia della Germania per circa 2/3 su quella dell'intero continente europeo, è attribuito anche agli indici di fiducia delle imprese tedesche ed in particolare allo ZEW e all'IFO.

L'indice **ZEW** misura la fiducia delle imprese e deve il nome all'istituto che effettua l'indagine, lo Zentrum für Europäische Wirtschaftsforschung. Viene rilasciato mensilmente e la sua pubblicazione diventa di grande interesse quando riguarda i dati relativi alla Germania, all'Eurozona e, in misura più limitata, alla Svizzera.
Lo ZEW è il risultato di un indagine condotta presso 350 esperti del settore economico ed è uguale alla differenza fra la percentuale di ottimisti e di pessimisti. L'indice ottenuto viene poi ricondotto in una scala di valori dove la linea dello zero separa le aspettative negative (in basso) dalle aspettative positive (in alto).
Essendo correlato all'euro, quando l'indice riporta un valore superiore (o inferiore) a quello atteso, possono intravedersi

opportunità rialziste (o ribassiste) sulla moneta unica.
L'indice **IFO** misura la fiducia delle imprese in Germania ed è elaborato dall'Institut für Wirtschaftsforschung di Monaco. È frutto di un'indagine condotta su 7000 imprese in diversi settori commerciali costituita da una serie di domande sullo stato attuale dell'attività dell'azienda e sulle prospettive e le aspettative per i sei mesi successivi alla data del questionario alle quali rispondere con un giudizio "buono", "soddisfacente" o "negativo". Sintetizzando il *sentiment* degli imprenditori, l'indice, rilasciato mensilmente (la terza settimana del mese cui fa riferimento), è considerato uno dei principali indicatori dello stato di salute dell'economia della Germania e, vista l'importanza delle sue aziende, dell'intera Eurozona.

3.4 Le politiche monetarie

Le politiche monetarie hanno un ruolo fondamentale nella determinazione del valore di una valuta rispetto ad un'altra. Alla politica monetaria spetta di solito la stabilità dei prezzi, condizione essenziale per ogni altra finalità di politica economica (sviluppo, occupazione e crescita), e per riuscirci le Banche Centrali, cui spetta la politica monetaria (più o meno di concerto con il ministero del Tesoro), possono intervenire su due strumenti cardini dell'economia: i tassi d'interesse e il quantitativo di moneta in circolazione.

Secondo la combinazione degli strumenti in dotazione alle Banche centrali le politiche monetarie possono distinguersi in espansive e restrittive. Sono politiche monetarie espansive quelle che attraverso una riduzione dei tassi di interesse e/o un aumento dell'offerta di moneta vogliono stimolare investimenti e produzione. Rientrano ad esempio tra queste le operazione di quantitative easing (QE) a cui hanno fatto ricorso in questi anni di crisi, e con diverse modalità, la Federal Reserve, la Bank of Japan e la Banca Centrale Europea.

Sono invece restrittive quelle politiche monetarie orientate al contenimento del tasso d'inflazione o del disavanzo pubblico mediante la riduzione della moneta circolante e l'aumento dei tassi di interesse.

Le Banche centrali operano soprattutto attraverso operazioni di mercato aperto, acquistando o vendendo titoli (obbligazioni statali, di norma), in modo da impattare sui tassi d'interesse e sulla base monetaria a brevissimo termine e cercare di orientare il mercato monetario, creditizio e finanziario verso gli obiettivi prefissati anche nel più lungo periodo, ma per far fronte a situazioni di elevato rischio possono ricorrere anche a strumenti "non convenzionali" (come le LTRO, le operazioni di rifinanziamento a lungo termine negoziate dalla BCE con le banche commerciali in due aste aperte a dicembre 2011 e febbraio 2012).

Il mercato dei derivati e i contratti più diffusi

4. Gli strumenti finanziari derivati

4.1 I derivati finanziari

Gli strumenti finanziari derivati sono contratti il cui valore deriva dal prezzo di altre attività sottostanti, che possono avere natura reale (commodity derivatives) o finanziaria (financial derivatives).
Sono, di norma, negoziati in mercati a pronti: tutte le operazioni si concludono con l'effettiva consegna del bene della transazione, se previsto, e con pagamento in denaro a brevissimo termine (Cash Market).
I derivati possono essere simmetrici o asimmetrici.
Nel primo caso acquirente e venditore si impegnano ad effettuare una prestazione alla data di scadenza, nel secondo, invece, l'obbligo vige soltanto in capo al venditore in

quanto il compratore, versando un premio, si riserva il diritto di decidere in data futura se effettuare o meno la compravendita del bene sottostante.
Un'altra distinzione si basa sulla natura del mercato dove essi sono scambiati, vale a dire tra i derivati negoziati sui mercati regolamentati (come i futures e molti contratti di opzione) e i derivati scambiati in mercati OTC (Over the counter).

Il mercato dei derivati da vita ad un volume d'affari globale arrivato ormai a valere ben oltre dieci volte il Prodotto Interno Lordo mondiale.
Secondo i dati 2015 della Bank for International Settlements (BIS), già nel 2013 il mercato dei derivati ha raggiunto un valore complessivo su scala mondiale pari a circa 700.000 miliardi di dollari, quasi dieci volte il Pil mondiale rilevato nello stesso anno, e dal 1998 al 2012 è moltiplicato di ben sette volte: una crescita record che, a differenza del mercato azionario e di quello dei prestiti bancari, in quasi venti anni non ha subito alcuna battuta d'arresto nemmeno con l'esplosione della crisi finanziaria.
Dei circa 700.000 miliardi di dollari rilevati dalla BIS a fine 2012, 633.000 sono riconducibili al volume degli strumenti derivati scambiati sui mercati non

regolamentati (OTC), mentre solo 70.000 a quelli exchange traded. E, nonostante la forte connotazione Usa di questi contratti, la maggioranza di essi è stipulata in euro (il 40% circa) e "solo" il 30% in dollari.

Sui mercati OTC le controparti interessate alla negoziazione, in via di massima, fissano liberamente i termini del contratto senza che vi siano, di fatto, prezzi ufficiali: i prezzi a cui vengono concluse le trattazioni sono comunicati in tempo reale alle agenzie di stampa internazionali specializzate nell'informazione finanziaria (come Reuters e Bloomberg), che li rendono immediatamente pubblici.

Sui mercati regolamentati, invece, ogni operatore ha come controparte il mercato, non il singolo acquirente o venditore, e lo scambio avviene a prezzi ufficiali. Sarà poi la clearing house ad assicurare il rispetto dei contratti conclusi, che hanno tutti delle caratteristiche standardizzate.

Nonostante le enormi differenze, bisogna tuttavia chiarire che gli enormi volumi scambiati, le consuetudini operative delle banche e dei broker che trattano quotidianamente valuta e gli strumenti informatici (e informativi) messi a disposizione degli operatori rendono anche i mercati Over The Counter pressoché standardizzati (e di facile accesso).

Per quanto riguarda l'Italia, i principali strumenti finanziari derivati negoziati sul mercato IDEM sono:
- i contratti futures su merci e relativi indici, strumenti finanziari, tassi di interesse, valute;
- i contratti di scambio a pronti e a termine (swap) su tassi di interesse, valute, merci e su indici azionari (equity swap);
- i contratti a termine collegati a strumenti finanziari, tassi d'interesse, valute, merci e ai relativi indici, con cui le controparti si impegnano a scambiarsi a scadenza, a prezzi prefissati, il sottostante (Forward);
- i contratti di opzione per acquistare o vendere gli strumenti finanziari suindicati, le azioni o altri titoli rappresentativi di capitale di rischio negoziabili sul mercato dei capitali, le obbligazioni, i Titoli di Stato e gli altri titoli di debito negoziabili sul mercato dei capitali, le quote di fondi comuni di investimento, i titoli normalmente negoziati sul mercato monetario e qualsiasi altro titolo normalmente negoziato che consenta di acquistare gli strumenti elencati, compresi i relativi indici.

Rientrano tra questi, inoltre, i contratti di opzione su valute, tassi di interesse, merci e relativi indici;
- le combinazioni dei contratti e dei titoli precedentemente citati.

Per individuare i contratti più semplici, ancora, nel mercato dei derivati si parla di contratti "plain vanilla", mentre per quelli più "sofisticati" solitamente si impiega l'espressione contratti "esotici".

4.2 Le principali categorie di base

Con il termini derivati si intendono gli strumenti finanziari il cui valore "deriva" da quello delle attività sottostanti. Queste possono essere merci, titoli, tassi, valute, indici finanziari o altri tipi di indici, crediti e anche altri contratti derivati.
Nati per permettere a imprese e istituzioni di tutelarsi dai rischi correlati alla loro attività economica, e soprattutto dal rischio di cambio e dalle oscillazioni dei prezzi delle materie prime e dei tassi d'interesse, il loro utilizzo si è gradualmente esteso ad altre aree di rischio, come quello di credito, con il conseguente proliferare di tante formule contrattuali spesso molto differenti dagli strumenti più noti.

Nella fitta selva di contratti derivati creati fino ad oggi le principali categorie più diffuse sono:

- i **futures**, contratti per l'acquisto o la vendita, ad un prezzo e ad una data futura prestabiliti, di quantitativi standardizzati di merci, valute o attività finanziarie. Tra i tanti tipi di questi strumenti, trattati su borse specializzate, i più seguiti sono quelli sul brent e sulle principali materie prime impiegate nel sistema industriale, in quanto reputati idonei ad anticipare i prezzi di breve periodo del sottostante e, quindi, degli investimenti in azienda e dei beni finali destinati al consumatore. Tantissima attenzione è inoltre dedicata ai contratti futures sugli indici più rappresentativi delle borse finanziarie, con i quali si cerca di individuare il *sentiment* degli investitori per la borsa, e le più importanti aziende, del relativo Paese (e, in estrema sintesi, per lo stato di salute della sua economia).

- i **forward**, con i quali due controparti si impegnano a scambiarsi a scadenza, a prezzi prefissati, il sottostante (strumenti finanziari, tassi d'interesse, valute, merci e dai relativi indici). Molto simili concettualmente ai futures, dai quali differiscono tantissimo, tuttavia, per l'operatività;

- gli **swap**, contratti stipulati tra due controparti che hanno accesso a due diverse situazioni finanziarie e a distinte condizioni l'una dall'altra. Con essi si è soliti scambiare un tasso d'interesse fisso con uno variabile o una somma in una valuta contro una in una diversa divisa: il loro utilizzo è infatti particolarmente diffuso tra le imprese attive nell'import/export che vogliono tutelarsi dall'apprezzamento o dal deprezzamento della valuta del Paese estero con cui operano;

- le **opzioni** (options), diritti a comprare (opzione call) o vendere (opzione put) un determinato bene ad un prezzo prefissato entro o ad una data certa, a seconda che si tratti di un'opzione di tipo americano o di tipo europeo. Le opzioni, strumenti derivati tipici utilizzabili sia per finalità speculative, sia assicurative, si caratterizzano soprattutto per limitare le perdite alla sola somma pagata per acquistarle (premio), a fronte di guadagni potenzialmente elevati, grazie all'effetto leva che le caratterizza, correlati all'andamento del sottostante. Dinamica che vale sia per le opzioni call, sia per le opzioni put, anche se per queste ultime, "allo scoperto", va integrato il "margine di garanzia".

Tra i contratti derivati da quelli base si ricordano invece il forward rate agreement, il warrant, il cap (contratto i cui diritti si azionano quando il tasso di interesse effettivo sottostante tocca livelli superiori a quello prestabilito), il floor (che ha caratteristiche opposte a quelle del cap), il collar (che incorpora le caratteristiche del cap e del floor e consiste nel definire preventivamente, per l'esercizio dei diritti ad esso sottesi, una banda di oscillazione per il tasso di interesse, fissando fin da subito un minimo ed un massimo), oltre ai titoli cosiddetti "sintetici".

4.3 Copertura, speculazione e arbitraggio: una lunga storia

I derivati hanno origini lontane. Formule molto semplici e spesso rudimentali di questi strumenti erano in uso già in epoca medievale e rinascimentale, anche, e spesso soprattutto, nelle città italiane allora esponenti di punta del commercio, e dell'economia, del vecchio continente europeo, sebbene gli studiosi arrivino ad identificare l'origine di questi contratti in ere davvero remote.
La dottrina statunitense identifica infatti il primo contratto su derivati addirittura nella Bibbia (Genesi, 29), e dunque 1700 anni prima di Cristo. Secondo questa (forzatissima) ricostruzione Giacobbe avrebbe acquistato l'opzione di sposare l'affascinante Rachele dal padre Labano in cambio di sette anni di lavoro. Al termine dei sette anni Labano gli diede in moglie la primogenita Lia, dallo sguardo "smorto", anziché Rachele. Ma Giacobbe era fortemente intenzionato a sposare (anche) Rachele, della quale era perdutamente innamorato, e Labano gli concesse una

seconda opzione, cioè il diritto di sposarla in cambio di altri sette anni di lavoro gratuito. Nella rilettura finanziaria di questo passo delle Sacre Scritture c'è dunque un primo derivato che si conclude in default e Giacobbe costretto a pagare il doppio del prezzo convenuto (il lavoro con il decorrere del tempo si era deprezzato) per il trasferimento del "sottostante" (Rachele).

La storia antica offre una moltitudine di altri esempi di contratti derivati e nel 1164 si ha traccia del primo derivato stipulato da un ente locale: in cambio di un anticipo immediato, Genova cedeva ad un istituto bancario (il Monte) le entrate fiscali future di alcuni anni.

È tuttavia in età moderna che comincia una vera e propria diffusione di derivati, con l'ammissione alla negoziazione di contratti forward al Royal Exchange di Londa, cui seguiva la prima "bolla speculativa" con la "mania dei tulipani" olandese (1637), durante la quale il bulbo di tulipano, eletto a status symbol dai ceti abbienti, veniva scambiato a prezzi più volte superiori al reddito medio dei Paesi Bassi.

Pochi anni dopo, intorno al 1650, al mercato del riso di Osaka venivano negoziati i primi futures e sempre nello stesso periodo, grazie all'interesse di un nutrito gruppo di cittadini facoltosi di assicurare (o "coprire") gli investimenti sostenuti nelle spedizioni delle Compagnie delle Indie (la cui forma giuridica seguiva lo schema partecipativo delle moderne società per azioni), sulla Borsa di Amsterdam venivano già negoziate forme più complesse di futures e options.

Il sistema dei derivati non tardò a diffondersi e, vista la complessità dei suoi connotati essenziali, a prestarsi a diversi eclatanti casi di frodi e abusi: se i fantasiosi meccanismi dei contratti negoziati ad Amsterdam furono oggetto delle velenose ed ironiche denunce del poeta e scrittore (oltre che filosofo, economista e commerciante) Josè Penso de la Vega (1650 - 1692) nel libro 'Confusion de Confusiones', scritto durante il suo esilio in Spagna dopo la fuga dalla capitale olandese per le persecuzioni religiose subite dal suo popolo (de la Vega era ebreo portoghese), a Londra nel 1773, a seguito di uno dei tanti scandali finanziari che hanno segnato la storia della capitale britannica, essi furono addirittura vietati (Barnard's Act). Un divieto che si protrasse fino al 1860 e che anticipava molti contenuti del divieto di contrarre operazioni su derivati previsto per gli Enti locali italiani dall'art. 62 del d.lgs 25 giugno 2008, n. 112.

Ma i derivati erano ormai destinati ad un ruolo sempre più importante nel sistema economico occidentale e, mentre a Londra si era in piena austerity, nel 1821 veniva costituito il Liverpool Cotton Exchange, per i futures sul cotone, mentre nel 1848 veniva costituita la Chicago Board of Trade, uno dei più importanti mercati di contratti derivati (futures) sulle merci agricole (e sul grano in particolare), inizialmente con finalità di hedging e poi (anche) speculativa.
Questi contratti furono standardizzati nel 1865 e nel 1925 veniva creata la prima stanza di compensazione delle operazioni su tali strumenti.
Nascevano così i moderni contratti derivati negoziati su mercati regolamentati.

La definitiva consacrazione di questi strumenti si ebbe tuttavia soltanto nel 1972, quanto il presidente Richard Nixon decise l'uscita unilaterale degli Stati Uniti dagli accordi di Bretton Woods e, dunque, il passaggio, di fatto, del sistema internazionale dei cambi da un regime a cambio fisso contro il dollaro (a sua volta correlato al prezzo dell'oro) ad un regime a

cambi flessibili.
Una manovra che allentava la speculazione sul debito degli Stati Uniti, sotto pressione per l'andamento dei tassi di interesse e d'inflazione e, vista la manifesta impossibilità di convertire in oro tutti i dollari in circolazione alla base della decisione della Casa Bianca, dei tassi di cambio, e spingeva al ricorso massiccio a strumenti di protezione come i contratti derivati.
La crisi petrolifera dell'anno successivo fece vacillare l'intero sistema di equilibri economici e politici vigente, mettendo in seria discussione la leadership degli USA e a nudo l'esigenza di strumenti assicurativi (e speculativi) su scala globale. Al Chicago Board Options Exchange, la piazza principale dove oggi si trattano opzioni su azioni, obbligazioni, monete, metalli e svariati indici di varia natura, dopo il primo mercato dei futures su valute (International Monetary Fund - 1972) nel 1973 esordivano le opzioni sulle azioni e l'anno successivo i futures sull'oro .
Contemporaneamente Londra, dopo aver "riabilitato" i derivati, si avviava a conquistare la leadership nel mercato dei futures.

Oggi il mercato dei derivati è costante punto di riferimento dell'economia globale. È soprattutto attraverso l'analisi della dinamica di futures ed options che sono elaborate le previsioni di breve e medio periodo sull'andamento dei prezzi di un bene, di un settore economico o dell'economia di un Paese (o di un'intera area valutaria e dei suoi principali Paesi partner a "rischio contagio"). E ciò perché chi negozia grandi volumi di denaro su questi mercati è visto come depositario, e spesso lo è, di informazioni privilegiate e dunque in grado di anticipare quello che potrebbe diventare a breve il sentiment (o addirittura il trend) del mercato stesso.

E non è raro che gli operatori che movimentano grossi cifre sui mercati derivati coincidano con coloro che conducono importanti operazioni di compravendita sul sottostante, in modo da "inquinarne" la dinamica dei prezzi e tentare di "addomesticarne" il valore in prossimità di determinate a scadenze: la storia recente ha purtroppo evidenziato diverse riedizioni degli scandali passati (i più noti quello MetallGesellShaf del 1993, il fallimento della Contea californiana di Orange County nel

1995, della Barings Bank nello stesso anno, del Long Term Capital Management nel 1998, della Enron nel 2001 e della Contea di Jefferson in Alabama nel 2011) e la stessa crisi esplosa nel 2008 ha visto in uno di questi contratti la propria miccia.

Dopo un tenue ed inevitabile rallentamento, il mercato dei derivati viaggia attualmente di nuovo a ritmi pre-crisi e la domanda dei principali prodotti da parte del sistema bancario, alleggeritosi di tanti contratti "tossici" nel frattempo, sembra destinata ad arrivare in doppia cifra, mentre il valore stimato dei derivati finanziari è oggi ben 10 volte il PIL mondiale.

4.4 La leva finanziaria

Una delle peculiarità del mercato dei derivati è la possibilità di operare in leva, vale a dire effettuare un investimento che riguarda un elevato ammontare di risorse finanziare con un capitale effettivamente impiegato contenuto.
La leva finanziaria (leverage) è il rapporto tra il valore delle posizioni aperte ed il capitale investito.
Gli strumenti finanziari derivati consentono all'operatore di acquistare o vendere attività finanziarie per un importo superiore al capitale posseduto e di beneficiare, proprio grazie all'effetto leva, di un rendimento presumibilmente maggiore rispetto a quello che otterrebbe da un investimento diretto nel sottostante.
In altri termini, con un basso investimento, corrispondente, ad esempio, al costo di

un'opzione o di un warrant, si ottiene una maggiore partecipazione alla performance dell'attività sottostante rispetto a quanto si realizzerebbe, a parità d'investimento, da un'analoga posizione acquisita direttamente sul mercato del sottostante.
Ovviamente, così come attraverso l'utilizzo della leva finanziaria è possibile conseguire un rendimento maggiore rispetto a quello derivante da un investimento diretto nell'attività sottostante, è possibile, specularmente, che si possa incappare in perdite molto significative: l'effetto moltiplicatore della leva funziona infatti anche nel caso in cui l'investimento vada male.

Considerando, ad esempio, un investimento in derivati, ipotizziamo di comprare un contratto che, tra un mese, dà il diritto di acquistare 100 grammi di oro a un prezzo fissato oggi di 4.000 €.
Se volessimo comprare fisicamente l'oro ci toccherebbe sborsare 4.000 € e aspettare che il prezzo salga per rivenderlo. Se invece decidessimo di ricorrere ai derivati, anziché i 4.000 € ci occorrerebbe soltanto il capitale necessario per comprare il derivato.

Ipotizzato 100 € il prezzo del derivato che ci dà il diritto di comprare tra un mese 100

grammi d'oro a 4.000 €, se tra un mese il metallo prezioso valesse 4.500 €, potremmo comprarlo e rivenderlo immediatamente, realizzando un guadagno di 500 €. Dedotti i 100 € del prezzo del derivato, con 100 € avremmo realizzato così un profitto di 400 €, il 400% dell'investimento effettivo. Gli stessi 500 €, senza ricorrere ai derivati e alla leva finanziaria, li avremmo guadagnati soltanto con un investimento di 4.000 €, realizzando un profitto del 12,5%.
Se tuttavia l'oro nel frattempo si deprezzasse, arrivando a quotare 3.500 € alla scadenza del derivato, realizzeremmo invece una perdita pari a 500 €, alla quale sommare i 100 € effettivamente investiti, totalizzando dunque una debacle pari a 600 €, il 600% del nostro investimento.
L'esempio, per quanto molto elementare, rende l'idea dell'enorme rischiosità a carico dell'investitore e del sistema tutto correlata a questo tipo di funzionamento, perché per quanto sia ormai necessario operare in derivati e leva per garantire liquidità corrente in tutti gli ingranaggi dell'economia, l'utilizzo di leve molto elevate genera, come la storia, anche recentissima, insegna, bolle speculative che quando esplodono non

possono che produrre enormi buchi (spesso voragini) nei bilanci degli istituti di credito e dunque restrizione dei prestiti alle imprese e crollo dei mercati azionari, i principali canali di finanziamento dell'economia reale, con conseguente riduzione del valore della ricchezza delle famiglie e dei consumi (recessione economica).

5. I contratti più diffusi

5.1 I contratti a termine

Un contratto a termine è un accordo tra due controparti per la consegna di una data quantità di un certo sottostante ad un prezzo (prezzo di consegna) e ad una data (data di scadenza o maturity date) prefissati. Il sottostante può essere rappresentato da attività finanziarie (azioni, obbligazioni, valute, strumenti finanziari derivati, etc.) o reali (petrolio, oro, grano, etc.).

L'acquirente del contratto a termine (la parte che si impegna alla scadenza a corrispondere il prezzo di consegna per ricevere il sottostante) apre una posizione lunga (long position), mentre il venditore (colui che si impegna alla scadenza a consegnare il sottostante per ricevere il prezzo di consegna) apre una posizione corta (short position).

I contratti a termine sono in genere strutturati in modo che, al momento della loro conclusione, le due prestazioni siano equivalenti. Ciò è possibile fissando il prezzo di consegna, cioè quello stabilito nel contratto, pari al prezzo a termine. Successivamente, durante la vita del contratto, esso si modificherà in relazione ai movimenti del prezzo corrente che il sottostante assume.

Le variazioni del valore del sottostante determinano il profilo di rischio/rendimento di un contratto a termine.
Per l'acquirente, vale a dire colui che deve comprare un certo bene ad una certa data e ad un prezzo già fissato nel contratto, il rischio è rappresentato dal deprezzamento del bene. In tal caso, infatti, egli sarebbe comunque costretto a pagare il prezzo già fissato nel contratto per un bene il cui valore di mercato è minore del prezzo da pagare e

che gli converrebbe acquistare direttamente sul mercato ad un prezzo inferiore. In caso di apprezzamento del sottostante, viceversa egli maturerà un profitto, in quanto acquisterà ad un dato prezzo un bene che vale di più.
Specularmente, per il venditore del contratto, cioè la parte che deve vendere un certo bene ad una certa data e ad un prezzo già fissato nel contratto, il rischio è rappresentato dall'apprezzamento del bene. L'impegno contrattuale lo costringe infatti a vendere il bene ad un prezzo inferiore a quello che realizzerebbe sul mercato. Maturerà invece un guadagno in caso di deprezzamento del sottostante, poiché, grazie al contratto stipulato, venderà il bene ad un prezzo superiore a quello di mercato.

L'esecuzione del contratto alla scadenza può realizzarsi:

- con la consegna effettiva del bene sottostante da parte del venditore all'acquirente, dietro pagamento del prezzo di consegna (consegna fisica o physical delivery);
- con il pagamento del differenziale in denaro tra il prezzo corrente del sottostante, al momento della scadenza, e il prezzo di

consegna indicato nel contratto. Differenza che, se positiva, sarà dovuta dal venditore all'acquirente del contratto, e viceversa se negativa (consegna per differenziale o cash settlement).

Le finalità che spingono a stipulare un contratto a termine possono essere di copertura, speculative e di arbitraggio e le principali tipologie di questi strumenti sono i contratti forward ed i contratti futures.

5.1.1 I contratti futures

Costanti riferimenti nella trattazione del mercato dei derivati sono futures ed options. D'altronde, se derivato si usa ormai per indicare delle formule contrattuali spesso incomprensibili e confezionate addirittura per lasciare intendere un tipo (o grado) di rischio del tutto diverso rispetto a quello che il risparmiatore è propenso a sopportare, gli strumenti principali di questo mercato, per importanza storica e, soprattutto, per la massa di liquidità movimentata, sono proprio queste due categorie base.

I futures sono dei contratti a termine con cui le parti si impegnano per la compravendita di un'attività reale o finanziaria ad una determinata data futura e ad un prezzo e quantitativo prefissati all'atto della sottoscrizione dell'accordo.
I **commodity futures** hanno come sottostante beni reali, in particolare materie prime e merci di particolare valore

economico e indispensabili per il benessere quotidiano (petrolio e prodotti derivati, metalli preziosi, cereali, carni, cacao, fibre, legname da costruzione, metalli industriali, prodotti coloniali e tropicali, etc.).
I **financial futures** hanno invece come oggetto la compravendita di titoli a tasso fisso (interest rate future), indici di Borsa (stock index future), azioni (single stock future), valute (currency future) e, in generale, un'attività finanziaria o un indice.

A differenza dei contratti a termine "puri", dei quali assumono le caratteristiche di base, i futures sono strumenti finanziari standardizzati: attività sottostante, scadenza ed importo, i suoi elementi essenziali, sono predefiniti e non possono essere oggetto di negoziazioni tra le controparti (che possono negoziare solo sul prezzo del future).
I futures prevedono inoltre un meccanismo di regolamento 'marking to market', sulla base del quale ogni variazione giornaliera del prezzo viene regolata versando appositi margini sui conti degli operatori di mercato presso la clearing house, in Italia la Cassa di Compensazione e Garanzia.

Per aprire la propria posizione l'acquirente deve versare un 'margine iniziale' pari ad una percentuale del valore complessivo del sottostante. La somma fa da garanzia per gli operatori che risultassero inadempienti alla scadenza del future ed è depositata sul conto dell'investitore presso l'intermediario autorizzato che a sua volta ha un conto presso la Cassa di Compensazione e Garanzia, che diventa la controparte di ogni contratto stipulato. In base all'andamento giornaliero dei prezzi dei futures, l'ente ricalcola il valore dei conti degli intermediari che, prima dell'inizio delle contrattazioni del giorno successivo, in caso di variazione sfavorevole della posizione assunta (si è rivalutato il prezzo di un future venduto o è crollato quello di un contratto acquistato), devono versare il 'margine di variazione' per riportare il conto ai livelli del margine iniziale; in caso di variazioni favorevoli, viceversa, il margine di variazione è dovuto dalla Cassa ai propri aderenti. Un meccanismo che consente alla clearing house di garantire ai propri membri il buon fine dei contratti eseguiti sul mercato e a quest'ultimo di disporre della liquidità necessaria per il suo corretto funzionamento.

I futures sono strumenti ad elevata 'leva

finanziaria': a fronte di un investimento iniziale alquanto contenuto il valore del sottostante può essere molto alto.
L'acquirente e il venditore, a differenza di quanto avviene con le opzioni, si assumono inoltre l'obbligo, e non soltanto la facoltà, di acquistare o vendere l'attività sottostante alla scadenza prevista dal contratto.
In realtà quasi mai l'attività sottostante viene scambiata perché il future di rado viene tenuto fino alla scadenza (circa il 2% del totale), potendosi chiudere in anticipo sul mercato la posizione detenuta con una di segno opposto (offsetting).
A rendere possibile ciò il fatto che il trading con i futures, grazie alla presenza di una clearing house, è un 'gioco a somma zero' (principio di non arbitraggio): per ogni operatore che acquista o vende ci deve essere un venditore o un acquirente. Se c'è un guadagno, c'è una perdita speculare.
Assumere una posizione long o short implica il versamento di un margine iniziale e se la posizione rimane aperta per più giorni a fronte delle variazioni del prezzo del sottostante viene richiesto il versamento di un margine di variazione (o di mantenimento).
A garantire il buon fine delle operazioni su questi strumenti, la puntuale gestione dei

margini e il controllo del rischio, come descritto, c'è una cassa di compensazione, che regola tutti gli scambi sui mercati regolamentati, mentre la presenza di grossi operatori specializzati in strategie più speculative garantisce grossi flussi di liquidità e agli operatori che utilizzano i futures per coprire il rischio sull'attività sottostante (hedgers) maggiori possibilità di trovare controparti disposte ad assumere sul mercato posizioni opposte alla loro.

a) Come si determina il prezzo di un future

La determinazione del prezzo di un future si basa sul principio di non arbitraggio. Per esso, in una situazione di equilibrio, il profitto determinato da un'operazione finanziaria a rischio zero deve essere nullo. Nel caso di un contratto future, dunque, il suo prezzo è determinato correttamente quando non è possibile ricavare un profitto né da operazioni sul mercato a pronti né su quello a termine. Ipotizzando un sottostante che non produce reddito a scadenza (un'azione senza dividendi o un titolo zero coupon, ad esempio), l'acquisto a pronti di questo prendendo a prestito la somme e di operare in un mercato efficiente, dunque privo di margini per operazioni di arbitraggio, il prezzo d'equilibrio del future, il prezzo cioè a cui vendere il contratto per coprire esattamente i costi, è dato dalla formula:

PFtT = PSt(1+rtT)

dove:
PFtT è la quotazione del future con scadenza T al tempo t;
PSt è il prezzo del titolo al tempo t;
rtT è il tasso di rifinanziamento del periodo.
Nella parte destra dell'equazione i costi dell'operazione, a sinistra i ricavi.

b) L'interest rate future

L'interest rate future è un financial future il cui sottostante è rappresentato da un tasso d'interesse.
Con esso i contraenti si impegnano a consegnare, o ricevere, uno strumento finanziario rappresentato da time deposit, titoli di Stato o altre attività finanziarie.
Le due classi principali di questo strumento sono: gli interest rate futures di breve

periodo, il cui sottostante ha una scadenza inferiore all'anno (spesso tassi interbancari a tre mesi) e gli interest rate futures di lungo termine, il cui sottostante (bond governativi, ad esempio), viceversa, ha scadenza superiore all'anno.

c) Il currency future

Il currency future è un contratto con il quale i contraenti si impegnano a consegnare, o ricevere, a termine un certo quantitativo di valuta ad un tasso di cambio prefissato.
L'importanza di copertura sulle transazioni in valuta estera rende questo mercato particolarmente importante per gestori di portafoglio, aziende e, visto l'elevato numero di partecipanti e la possibilità di forti guadagni sulle oscillazioni dei cambi grazie alla leva finanziaria, speculatori.

d) Lo stock index future

Lo stock index future è un contratto con il quale il possessore si obbliga a comprare o vendere ad una data scadenza un indice di

borsa ad un prezzo prefissato.
Il mercato di questi financial futures funziona come i precedenti (e quello dei futures in generale), ma, non essendo sempre possibile costruire un portafoglio di titoli rappresentativo di un indice, alla scadenza di uno stock index future non si procede alla consegna del paniere sottostante bensì alla liquidazione delle posizioni per contanti.

5.1.2 I contratti forward

Il forward è un contratto a termine con il quale le controparti si accordano per scambiarsi una certa quantità di attività ad una scadenza futura e ad un prezzo di consegna (forward price) prefissati.
Il contratto può perfezionarsi con la compravendita effettiva del sottostante o con il pagamento della differenza tra il forward price e il prezzo corrente (o spot) alla scadenza.
I forward sono negoziati in mercati over the counter: leparti possono, in astratto, negoziare scadenza, importo e modalità di regolamento.
Ma come accade su molti mercati OTC, il grado di informatizzazione raggiunto, la frequenza e la dimensione degli scambi e i volumi di denaro tradato rendono ormai anche gli strumenti negoziati over the counter pressoché standardizzati.

Il mercato forward più importante è quello valutario (**currency forward**). Con esso le parti fissano oggi il tasso di cambio (a termine) al quale acquistare o vendere un determinato lotto di valuta estera a una data futura prestabilita. Il tasso di cambio a termine della valuta estera si fissa secondo una precisa relazione con il tasso di cambio a pronti, detta "parità coperta dei tassi di interesse".
In base ad essa il tasso di cambio a termine è dato da una funzione del tasso di cambio a pronti e del differenziale tra il tasso di interesse della divisa domestica e il tasso di interesse di quella estera:

$$1+r = (F/S)(1+r^*)$$

dove:
r è il tasso di interesse domestico (il tasso d'interesse garantito da un'obbligazione statale con scadenza certa, come i BOT italiani);
r* il tasso di interesse estero (il tasso d'interesse garantito da un'obbligazione estera analoga a quella domestica);
F è il tasso di cambio forward prevalente sul mercato per i contratti a termine con scadenza pari a quella delle obbligazioni prese come riferimento per il tasso d'interesse;

S è il tasso di cambio spot.

Altra tipologia di contratti a termine molto diffusa, soprattutto in Italia, è il **forward rate agreement**, che ha come sottostante un deposito che non viene trasferito.
Il FRA è un contratto a termine sui tassi di interesse relativi ai depositi a breve scadenza e consente alle controparti di fissare anticipatamente il tasso d'interesse relativo ad un'operazione di raccolta o impiego futura. Guadagni e perdite di acquirente e venditore dipendono dalla differenza, positiva o negativa, tra il tasso di mercato e quello fissato dal contratto.

5.2 Le opzioni

Talete, consultando gli astri, sembra fosse stato in grado di prevedere il buon successo del raccolto delle olive, assicurandosi dagli agricoltori il diritto di utilizzare la loro produzione (e i loro frantoi) nella stagione successiva attraverso il pagamento di un premio. Rilevandosi esatte le sue previsioni, il celebre astrologo riuscì a rivendere il raccolto agli agricoltori ad un prezzo ben superiore a quello previsto dal diritto acquistato, traendo così profitto dalle sue intuizioni.

Piace ricordare questo aneddoto (attribuito ad Aristotele) quando si parla di derivati perché lo scienziato greco, di origini povere (ma come molti suoi contemporanei bravo a sfruttare i propri colpi di genio anche in campo economico), di fatto aveva negoziato diritti d'opzione. Strumenti quotati ufficialmente per la prima volta su scala mondiale soltanto agli inizi degli anni '70 dello scorso secolo ma della cui compravendita si ha traccia in tutte le antiche civiltà, ad oriente come ad occidente.

L'opzione è un contratto derivato di base con il quale l'acquirente ha il diritto, ma non il dovere, di comprare, opzione call, o vendere, opzione pull, una determinata quantità di attività finanziarie o reali sottostanti (azioni, obbligazioni, indici, valute, materie prime, etc.) ad un prezzo determinato (strike price o exercise price) ed entro una specifica data (opzione di tipo americano) o soltanto alla scadenza (opzione di tipo europeo).
Anche le opzioni, come i futures, presentano quell'elevato grado di standardizzazione da permetterne la facile negoziabilità sui mercati e anche per esse è indispensabile che l'attività sottostante abbia un mercato ampio con quotazioni ufficiali e pubblicamente riconosciute.

Con le opzioni l'investitore può decidere diverse strategie sul sottostante senza vincolare grosse somme all'operazione.
Ma mentre chi acquista un'opzione si riserva un diritto che può esercitare, acquistando il sottostante perché conveniente, o meno, abbandonando l'opzione alla scadenza e limitando le perdite al solo premio (che si perde anche nel caso di esercizio), il

venditore di un'opzione può registrare sì un profitto pari al massimo al premio incassato per la cessione, ma si espone a perdite in astratto illimitate nel caso l'acquirente eserciti l'opzione acquistata con profitto. Per calcolare quanto eventualmente guadagnato dall'esercizio di un'opzione è dunque necessario considerare sempre il premio versato, che è tanto maggiore quanto più lontana è la scadenza del contratto negoziato e quanto più il prezzo di mercato è superiore (opzione call) o minore (opzione put) allo strike price.

5.2.1 Quanto vale un'opzione

Il valore di un'opzione è funzione di cinque variabili principali:

- Prezzo di esercizio;
- Prezzo di mercato dell'attività sottostante;
- Tempo residuo alla scadenza;
- Volatilità del prezzo del sottostante;
- Tasso d'interesse a breve termine e a basso rischio (il riferimento è solitamente ai titoli di Stato a breve periodo, come i BOT in Italia).

I primi due hanno un effetto totalmente diverso sul valore di un'opzione a seconda che si tratti di call o put. Nel caso di un'opzione call, a parità di altre condizioni essa ha un valore tanto più elevato quanto minore è il prezzo d'esercizio. Un'opzione put, viceversa, ha un valore tanto più alto quanto maggiore è il prezzo d'esercizio. Per quanto riguarda il prezzo di mercato del sottostante, la relazione è opposta. Un'opzione call incrementa il proprio valore al crescere del prezzo di mercato del

sottostante, mentre per una put avviene l'esatto contrario.
Per ogni opzione, in generale, vale invece che il suo valore è maggiore quanto maggiore è la residua e elevata è la volatilità del prezzo del sottostante: le opzioni sono in qualche modo assimilate a delle polizze assicurative e, di conseguenza, più lunga è la durata, più alto è il rischio, più vale lo strumento di copertura.
Per quanto riguarda il tasso di interesse di breve periodo, la relazione con le opzioni non è né identica, né immediata. In linea di massima, un aumento del tasso di interesse di breve periodo a rischio basso, tra l'aumento del tasso atteso di rendimento del sottostante e la diminuzione dei guadagni attesi futuri che implica, dovrebbe avere effetti positivi sul valore di una call e negativi su quello di una put.
Altro fattore che può influire, anche se indirettamente, sul valore di alcune opzioni è lo stacco dei dividendi.
I dividendi deprimono infatti il valore di un'azione e, di conseguenza, del derivato di cui essa è sottostante, cosicché si potrebbe affermare che un buon dividendo può avere un effetto negativo sulle call e positivo sulle put, per quanto in parte già scontato, appunto, dall'andamento del sottostante.

La **sensibilità del valore di un'opzione** ai fattori appena elencati si misura attraverso cinque coefficienti, detti anche "greche" delle opzioni.
Il più importante di questi è il **delta** di un'opzione, che misura la variazione che subirebbe il prezzo di un'opzione se il prezzo dell'attività sottostante variasse di un'unità. Le call hanno delta positivo quando cresce il mercato dell'attività sottostante. Condizione che per le put, viceversa, genera un delta negativo.

delta (δ) = variazione del prezzo dell'opzione/variazione del prezzo del sottostante

Altro coefficiente molto importante è il **vega**, che misura la sensibilità di un'opzione alla volatilità del sottostante, mentre il **gamma**, che misura la variazione del delta al variare del prezzo dell'attività sottostante, il **theta**, che misura la sensibilità di un'opzione al variare della sua vita residua, e il **rho**, che la misura al variare del tasso di interesse a breve, pur seguitissimi in un quadro generale d'analisi, hanno singolarmente meno peso nelle decisioni degli operatori.

A seconda della relazione tra prezzo di esercizio e prezzo di mercato dell'attività sottostante, si possono avere tre categorie di opzioni. Quando il prezzo di mercato dell'attività sottostante è uguale a quello di esercizio, per cui il detentore dell'opzione non ha interesse e né convenienza ad esercitarla perché indifferente, si dice che l'opzione è **at the money**. Un'opzione si dice **in the money** se invece il detentore ha convenienza ad esercitarla, situazione che si verifica, ad esempio, quando il prezzo di esercizio è inferiore al prezzo di mercato per una call e viceversa per una put. Mentre è **out of the money** quando il detentore non ha affatto convenienza ad esercitarla alla scadenza perché, ad esempio, il prezzo d'esercizio è superiore al prezzo di mercato per una call e viceversa per una put.

5.3 Gli swap

Lo swap è un contratto con il quale le parti si impegnano a scambiarsi un flusso finanziario, periodico o una tantum, e a effettuare la stessa operazione a ruoli invertiti ad una data futura e secondo uno schema predefiniti. Scopo di questo strumento è quello di annullare il rischio relativo alle fluttuazioni dei tassi di interesse o di cambio. Gli swap sono infatti costruiti principalmente sui tassi d'interesse (**interest rate swap**) e, in misura più contenuta, sulle valute (**currency swap**). Nella prassi, attraverso lo scambio, i primi sono utilizzati per trasformare attività e passività finanziarie da tasso fisso a tasso variabile e viceversa, i secondi per trasformare attivi e passivi da una valuta ad un'altra (alcune tipologie di currency swap permettono entrambe le finalità).

Al momento della stipula, i contratti swap sono di solito costituiti in modo tale chele

prestazioni previste siano equivalenti. Così il valore iniziale del contratto è reso nullo, in modo da non generare alcun flusso di cassa iniziale per compensare la parte gravata dalla prestazione di valore più elevato.
Il fatto che al momento della stipula le due prestazioni siano equivalenti non implica che lo rimangano per tutta la vita del contratto, anzi, a generare il profilo di rischio/rendimento è proprio la variazione del valore delle prestazioni. La parte tenuta alla prestazione il cui valore si sarà deprezzato rispetto al valore iniziale, dunque rispetto alla controprestazione, maturerà un guadagno e viceversa.

a) Gli Interest Rate Swap

Gli interest rate swap (IRS) sono contratti in cui due controparti si scambiano flussi periodici di interessi, calcolati su una somma di denaro che non viene scambiata ma utilizzata unicamente come base di calcolo, il capitale nozionale di riferimento (notional principal amount), per un lasso di tempo predefinito pari alla durata del contratto, e cioè fino alla scadenza (maturity date o termination date) dello stesso. I pagamenti effettuati sono simili ai pagamenti di interessi su un debito (motivo del nome del tipo di contratto).

Tra le numerose tipologie di IRS la più diffusa è quella denominata **plain vanilla swap**, le cui caratteristiche principali sono:

- la durata dello swap è un numero intero di anni;
- uno dei due flussi di pagamenti è impostato su un tasso di interesse fisso, mentre l'altro è indicizzato a un tasso di interesse variabile;
- il capitale nozionale resta costante per l'intera vita del contratto.

Elementi fondamentali di un plain vanilla swap, che devono essere indicati nel contratto, sono:

- la data di stipula del contratto (trade date);
- il capitale nozionale di riferimento (notional principal amount);
- la data di inizio (effective date), vale a dire il giorno da quando cominciano a maturare gli interessi (di norma due giorni lavorativi dopo la data di stipula);
- la data di scadenza del contratto (maturity date o termination date);
- le date di pagamento (payment dates), cioè le date in cui vengono scambiati i flussi di interessi;

- il livello del tasso fisso;
- il tasso variabile di riferimento (Libor o altri tassi interbancari, oppure i tassi di interesse pagati sui titoli di Stato) e la relativa data di rilevazione (fixing date).

Le variazioni del tasso variabile rispetto ai livelli stimati al momento della conclusione del contratto, definiscono il profilo di rischio/rendimento del plain vanilla swap. Se il tasso variabile risulta superiore alle aspettative, l'acquirente dello swap, vale a dire colui che è obbligato a pagare il tasso fisso, matura un profitto ed il venditore una perdita, mentre se il tasso variabile scende è il venditore a realizzare un profitto.

b) I currency swap

I currency swap sono contratti in cui due parti si scambiano il capitale e gli interessi espressi in una valuta contro capitale e interessi espressi in un'altra.
Entrambi i flussi di pagamenti, normalmente, sono a tasso variabile e i capitali nozionali sono scambiati una prima volta all'inizio del contratto e poi alla sua data di scadenza.
I due capitali nozionali, denominati in valute diverse, sono di solito selezionati in modo da

essere pressoché uguali se valutati al tasso di cambio corrente di mercato alla data di stipula del contratto.
L'uguaglianza non è certo che permanga durante la vita del contratto, poiché il variare del rapporto di cambio fra le valute determina una variazione del valore dei capitali nozionali.

c) I credit default swap

I credit default swap (CDS) sono contratti in cui un soggetto (protection buyer), a fronte di pagamenti periodici effettuati a favore della controparte (protection seller), si tutela dal rischio di credito associato ad un determinato sottostante, reference asset, che può essere rappresentato da una specifica emissione, da un emittente o da un intero portafoglio di strumenti finanziari.

I rischi coperti dal CDS sono connessi ad alcuni eventi (credit event) indicati nel contratto al cui verificarsi si realizzano dei flussi di pagamento fra le parti.
Questi flussi possono avvenire sulla base di due modalità operative:
- il protection seller corrisponde alla

controparte il valore nominale (contrattualmente definito) dello strumento finanziario oggetto del CDS, al netto del valore residuo di mercato dello stesso (recovery value o valore di recupero), e il protection buyer cessa il versamento dei pagamenti periodici (cash settlement);
- il protection seller corrisponde alla controparte il valore nominale dello strumento finanziario oggetto del CDS e il protection buyer, oltre a cessare il versamento dei pagamenti periodici, consegna il reference asset (physical delivery).
Il protection buyer, nella prassi, ha la facoltà di scegliere il reference asset da consegnare tra un paniere di attività individuate nell'ambito del contratto, potendo dunque optare per quello per lui più conveniente (cheapest-to-delivery).

In un contratto di credit default swap vengono di norma specificati i seguenti elementi:

- il capitale nozionale rispetto a cui vengono calcolati i pagamenti a carico del protection buyer, corrispondente al valore nominale del reference asset;
- l'importo di ciascuno di tali pagamenti, il

prodotto di un tasso fisso per il capitale nozionale;
- la periodicità di tali pagamenti e la scadenza del contratto medesimo;
- gli eventi relativi al reference asset identificabili come credit event.

Nel caso in cui il sottostante di un CDS sia una specifica emissione obbligazionaria, la scadenza del contratto tende a coincidere con la vita residua dell'obbligazione e l'importo di ognuno dei pagamenti effettuati dal protection buyer è strettamente legato allo spread di rendimento implicito nell'emissione rispetto a quello dei titoli privi di rischio creditizio (credit spread). In sostanza, più è rischioso il titolo, più alto è il tasso fisso richiesto per la copertura.

d) I total return swap

I total return swap (TRS) sono contratti in cui una parte (protection buyer) cede alla controparte (protection seller) l'intero profilo di rischio/rendimento di un sottostante (reference asset), a fronte di un flusso di pagamenti periodici. Questi

pagamenti periodici sono in genere un tasso variabile maggiorato di uno spread (TRS spread).
La funzione di tali strumenti è la stessa dei credit default swap, dunque coprire il rischio connesso ad un titolo, ma sono diverse le modalità per conseguirla.
Con il TRS il detentore del titolo non corrisponde un pagamento periodico in cambio della protezione, come per il credit default swap,ma l'intero rendimento del proprio titolo (cedole e aumenti in conto capitale) in cambio di pagamenti periodici, definiti al momento della stipula del contratto, e della compensazione di eventuali perdite in conto capitale sul sottostante, inclusa la perdita estrema in caso di default.
Il possessore del titolo, il protection buyer, è di conseguenza chiamato anche total return seller,mentre il protection seller è denominato anche total return buyer.
Al verificarsi dell'evento di default, nel TRS si prevedono in genere due modalità operative:
- il protection seller corrisponde alla controparte il controvalore della perdita realizzata, (loss given default), pari alla differenza fra valore nominale del titolo e valore residuo di mercato dopo il default (cash settlement);
- il protection buyer consegna il titolo

oggetto del contratto al protection seller, che gli corrisponde il valore nominale, cioè quello contrattualmente definito, del titolo stesso (physical delivery).

Gli elementi contenuti di norma in tali contratti sono:
- il capitale nozionale rispetto al quale vengono calcolati i pagamenti a carico del protection seller, generalmente corrispondente al valore nominale del reference asset;
- l'importo di ciascuno di questi pagamenti, pari al risultato del prodotto di un tasso variabile aumentato di uno spread per il capitale nozionale;
- la periodicità dei pagamenti;
- la scadenza del contratto.

e) Gli asset swap

Gli asset swap sono contratti in cui due parti si scambiano pagamenti periodici liquidati in relazione ad un titolo obbligazionario (asset) detenuto da una di esse.
I flussi di cassa sono determinati attraverso l'individuazione di un'obbligazione che, di solito, è a tasso variabile. Chi detiene

l'obbligazione può scambiare il tasso variabile correlato ad essa con un tasso fisso. L'obbligazione sottostante può anche essere a tasso fisso e, in tal caso, il contratto permette di scambiare il tasso fisso con un tasso variabile e viene denominato reverse asset swap. Nella prassi tuttavia questa distinzione terminologica non sempre è adottata, utilizzandosi indifferentemente la dizione asset swap.

Chi detiene l'obbligazione è detto asset swap buyer e corrisponde l'interesse connesso all'obbligazione. Di riflesso, l'asset swap seller riceve l'interesse dell'obbligazione e paga un tasso di natura diversa.

In caso di default del titolo obbligazionario, l'asset swap buyer cesserà di pagare, mentre l'asset swap seller continuerà a corrispondere l'interesse pattuito.

La funzione di questi contratti è quindi quella di scambiare un tasso fisso con un tasso variabile, come per gli IRS, ma in più c'è una copertura contro il rischio di default di una determinata obbligazione.

Anche gli asset swap sono in genere costruiti in modo che il valore del contratto alla data di inizio dello stesso sia nullo.

f) Altre tipologie di contratti swap

L'enorme flessibilità degli swap consente la produzione di numerosissimi contratti di questo tipo.
Tra i più noti, oltre quelli già citati, ricordiamo:

- gli **equity swap**, in cui si scambiano i dividendi e guadagni in conto capitale su un indice azionario contro un tasso fisso o variabile;

- gli **zero-coupon swap**, in cui si scambia un pagamento in un'unica soluzione con un flusso di pagamenti periodici;

- i **domestic currency swap**, in cui si scambiano due contratti forward su due nozionali di riferimento espressi in valute differenti,definito un tasso di cambio iniziale. Alla scadenza le due controparti si impegnano a scambiare esclusivamente le differenze che si saranno registrate tra il tasso di cambio osservato a tale data e quello definito all'inizio del contratto;

- i **basis swap**, in cui si scambiano due flussi di pagamento entrambi a tasso variabile;

- i **differential swap**, in cui un flusso di pagamento a tasso variabile definito in valuta nazionale viene scambiato con un flusso di pagamento a tasso variabile denominato in valuta estera ed entrambi i flussi sono calcolati sullo stesso nozionale in valuta nazionale.

5.4 I warrant e i covered warrant

Il **warrant** è uno strumento finanziario derivato equivalente ad un'opzione con cui l'emittente riconosce al possessore la facoltà di acquistare (call warrant) o vendere (put warrant) entro un periodo di tempo e ad un prezzo prefissati azioni, obbligazioni, indici o valute.

Sono di solito utilizzati per rendere più appetibili emissioni di prestiti obbligazionari e aumenti di capitale delle stesse società emittenti o altre ad esse collegate: i sottoscrittori, infatti, pagano una somma superiore proprio per acquistare anche i warrant, che possono essere esercitati per ottenere azioni o obbligazioni dell'emittente o negoziati separatamente in Borsa qualora il regolamento di emissione lo consenta.

Il **covered warrant** è uno strumento finanziario consistente in un contratto di opzione che conferisce la facoltà di sottoscrivere l'acquisto (call covered warrant) o la vendita (put covered warrant)

di un'attività finanziaria sottostante ad un prezzo e ad una scadenza stabilita. A differenza del semplice warrant questo tipo di contratto può avere come attività sottostanti, oltre alle azioni, anche obbligazioni, indici azionari o obbligazionari, valute, tassi d'interesse o panieri di titoli.
I covered warrant seguono l'andamento dell'attività sottostante amplificandone le variazioni: sono tra gli strumenti più noti tra chi opera in leva finanziaria sui mercati regolamentati.

6.Strategie di copertura e investimento

6.1 Finalità dell'operatività in derivati

I contratti derivati nascono con la duplice finalità di riduzione del rischio d'impresa e di stabilizzazione dei prezzi. Come tutti gli strumenti di copertura hanno però una forte connotazione speculativa.
L'alea che spinge ad assicurarsi fa sorgere d'altronde diverse opportunità di lucrare sul differimento temporale di una prestazione e sull'incognita prezzo di un bene o di un'attività finanziaria e lo stesso contratto di assicurazione vero e proprio ha in sé tutti i connotati di una scommessa.
Sul mercato dei derivati, inoltre, è proprio la presenza di tanti speculatori a garantire la

liquidità necessaria per chiudere quotidianamente le posizioni negoziate e agli hedgers di trovare più facilmente una controparte per negoziare posizioni di segno opposte e avviare le proprie strategie di copertura del rischio.

I prodotti derivati oggi sono utilizzati principalmente per tre finalità:

- ridurre il rischio finanziario di un portafoglio preesistente (finalità di copertura o hedging);
- esporsi al rischio al fine di conseguire un profitto (finalità speculativa);
- ottenere un profitto privo di rischio attraverso transazioni combinate sul derivato e sul sottostante tali da cogliere eventuali differenze di valorizzazione (finalità di arbitraggio).

a) **Hedging**

L'hedging consiste nel mettere in piedi una o più operazioni di copertura dai rischi correlati ad una posizione aperta su un altro investimento.
Si tratta di una strategia ampiamente utilizzata nel mondo della finanza, sia dagli

operatori che gestiscono un portafoglio di titoli, sia da imprese e investitori privati, ed ha il fine unico di diminuire le potenziali perdite.

I rischi di natura finanziaria a cui può essere esposto un portafoglio, un'impresa o un investitore sono:

- Rischio di mercato.

È il rischio rappresentato dalle variazioni sfavorevoli del livello dei prezzi o dei fattori di mercato.
A seconda dei fattori che lo determinano, il rischio di mercato può essere definito **rischio di interesse**, per tutte le posizioni finanziarie (attive e passive) sensibili alle variazioni dei tassi di interesse, **rischio di cambio**, per le posizioni espresse in valuta estera, e **rischio di prezzo**, se a variare sono i prezzi di mercato delle materie prime (rischio commodity).

- Rischio di credito o controparte.

È il rischio di perdite derivanti dall'impossibilità delle controparti di far fronte agli impegni precedentemente concordati. Questa situazione può dipendere sia da situazioni di difficoltà della controparte, sia da restrizioni legislative apportate dal Paese cui la controparte appartiene (rischio Paese).

- Rischio di liquidità.

È il rischio legato alla disponibilità di liquidità. Ricorre quando o non sono più disponibili i fondi per far fronte a richieste di rimborsi, scadenze di impegni e altre uscite finanziarie, o le condizioni per ottenere sul mercato la liquidità necessaria sono diventate eccessivamente onerose.

Un'operazione di hedging si realizza di norma mediante l'acquisto o la vendita di uno o più contratti derivati il cui sottostante è la stessa attività, reale o finanziaria, da coprire.

b) **Speculazione**

Per speculazione finanziaria si intende l'attività di un operatore finanziario che investe sul mercato supponendo degli sviluppi ad alto rischio il cui esito, positivo o negativo, dipenderà dal verificarsi o meno degli eventi sui quali ha formulato le sue aspettative iniziali.
Se lo scenario aleatorio si manifesterà in linea con le aspettative, l'operazione speculativa avrà un esito positivo, generando

un profitto per l'operatore, che nel caso contrario registrerà una perdita.
A differenza di molte altre attività di investimento, comunque basate sul valore atteso di un titolo, nell'attività speculativa le aspettative non si reggono su significative e robuste stime statistiche, ma su previsioni puramente soggettive, indipendentemente dalle analisi adoperate.
La previsione di eventi senza solide basi statistiche espone l'operatore a grossi rischi, che possono essere compensati da altrettanti grossi guadagni, ma che possono anche degenerare in un rapido fallimento della strategia speculativa e dello stesso soggetto che l'ha adottata.

Una strategia speculativa può essere rialzista, dunque si acquista subito un titolo per rivenderlo in futuro ad un prezzo maggiore, oppure ribassista, vendendo subito un attività il cui prezzo si presume diminuirà in futuro. Se, solitamente, la speculazione rialzista si attua acquistando un'attività per rivenderla in futuro quando il suo prezzo aumenterà, la speculazione al ribasso può attuarsi o ritardando l'acquisto dell'attività (finanziaria o reale) ad un

momento futuro, prevedendo che il prezzo diminuisca, o vendendo un titolo che impegna il venditore a consegnare una determinata quantità dell'attività in futuro, prevedendo di acquistarlo in un secondo momento sul mercato, quando il prezzo sarà diminuito.
Di conseguenza, speculando al rialzo sul prezzo di un bene, l'operatore rischia una quantità limitata di capitale, vale a dire quello impiegato per acquistare il bene da rivendere successivamente, mentre uno speculatore al ribasso rischia una quantità indeterminata di capitale, cioè la somma che dovrà versare per acquistare l'attività in futuro per adempiere agli obblighi contrattuali. Lo speculatore al rialzo può dunque guadagnare una quantità indeterminata di denaro in futuro rivendendo l'attività su cui sta operando, mentre lo speculatore al ribasso può, al massimo, guadagnare il prezzo a cui si è impegnato di venderla in futuro nel caso il suo prezzo sia zero.
Visto il tempo che intercorre tra l'operazione e la sua liquidazione, la speculazione consente la compravendita di strumenti finanziari allo scoperto. Ciò consente, a parità di rischio, di moltiplicare i rendimenti e la leva finanziaria attraverso il

ricorso alla **marginazione**, soprattutto quando l'interesse dell'operatore non è quello di avere a disposizione a una certa data e prezzo l'attività sottostante ma quello di guadagnare dalla compravendita del derivato.
Le **vendite allo scoperto** sono spesso considerate operazioni destabilizzanti dei mercati e in questi anni di crisi si è spesso fatto ricorso a regolamenti per contrastarle. La Sec, ad esempio, nel 2008 ha introdotto delle restrizioni alla vendita di derivati per tutti gli investitori non in grado di dimostrare, attraverso un certificato di deposito proprio o di terzi, il possesso del sottostante. Nello stesso anno in Italia la Consob ha adottato, fino a gennaio 2009, l'obbligo in capo ai venditori di dimostrare la disponibilità e la proprietà dei titoli dal momento dell'ordine fino alla data di regolamento dell'operazione. In Cina, al contrario, la vendita allo scoperto è stata introdotta proprio per incrementare la stabilità finanziaria durante questo periodo storico di forte speculazione.

c) **Arbitraggio**

Con il termine arbitraggio si intende un'operazione finalizzata ad ottenere un profitto certo senza che l'operatore corra alcun rischio. Questo tipo di operatività si esplica di solito nell'acquisto o vendita di un'attività finanziaria e in una contemporanea operazione di segno contrario sullo stesso strumento su un mercato differente dal precedente, o su uno strumento diverso ma perfettamente sostituibile all'altro e avente identico sottostante.
In tal modo, se il guadagno ottenuto supera i costi per il trasferimento dell'attività da un mercato all'altro, si sfruttano le differenze di prezzo per ottenere un profitto.

Le differenze di prezzo che generano il profitto sono determinate da **asimmetrie informative** o da diverse normative: l'aumento della rapidità di comunicazione tra diversi mercati ha notevolmente limitato le asimmetrie informative tra essi e, dunque, le possibilità di arbitraggio, molto frequente in passato proprio sugli strumenti derivati.
A differenza della speculazione, che consiste di fatto nell'opportunità di sfruttare le differenze di prezzo di uno stesso bene in

tempi differiti, l'arbitraggio è quindi un modo per avvantaggiarsi delle differenze di prezzo presenti in luoghi diversi. La prima gioca sul fattore tempo, il secondo sul fattore spazio.

3.2 Utilizzo strategico dei futures

Il gestore di portafoglio, l'azienda o il privato investitore che effettua una compravendita in futures agisce prevalentemente per due diverse finalità.
La prima è quella di copertura dei rischi, per tutti quello derivante dalla volatilità dei prezzi (commodity, tassi d'interesse, tasso di cambio): in quanto caratterizzati, come il resto dei derivati trattati, da una forte componente assicurativa, questi contratti consentono infatti di gestire in modo efficiente i rischi legati all'andamento di un portafoglio e, in generale, il rischio di mercato.
La seconda è quella di speculazione: si ricorre ai futures per avvantaggiarsi delle eventuali differenze tra le proprie aspettative circa i movimenti futuri dei prezzi del sottostante e le attese correnti del mercato.

I contratti futures permettono di coprire il rischio mediante l'apertura di posizioni a termine di segno opposte a quelle aperte sul mercato a pronti.

Nella pratica sono tuttavia rare le coperture perfette (perfect hedge), cioè strategie di hedging che annullano del tutto il rischio, e ciò per la presenza di tre problemi pratici che generano il cosiddetto rischio base:

- la durata della copertura non coincide con la scadenza naturale del future;
- l'attività reale o finanziaria che deve essere coperta non coincide con l'attività sottostante (non esistono, ad esempio, futures per tutte le merci o le attività finanziarie);
- non si conosce perfettamente la data di acquisto o di vendita dell'attività reale o finanziaria (si opera su mercati con forti asimmetrie informative).

Il **rischio base** di un'operazione di copertura può sintetizzarsi nella seguente equazione:

rischio base = Ps –Pf

dove:

Ps indica il prezzo a pronti del bene, titolo o indice da coprire;
Pf quello del prezzo del future da utilizzare.
Il rischio base è nullo se il prezzo del sottostante e del future coincidono, circostanza che può verificarsi solo se

l'attività da coprire è la stessa di quella che fa da sottostante del future. È positivo se il prezzo spot è maggiore di quello del future, negativo nel caso contrario.
A seconda delle variazioni del rischio base, si parla di 'rafforzamento della base' quando le oscillazioni positive del prezzo del sottostante sono superiori a quelle di analogo segno del prezzo future e di 'indebolimento della base' nel caso opposto.
Il prezzo dell'operazione di copertura (hedging) che occorre pagare (se short) o riscuotere (se long) può esprimersi come segue:

H = Pst+1 + Pft – Pft+1

dove;

Pst+1 è il prezzo dell'attività da coprire al tempo t+1;
Pft è il prezzo del future al tempo t;
Pft+1 la quotazione del future al tempo t+1.
Spesso è necessario coprire il rischio con la compravendita di un future avente sottostante diverso dal bene o attività finanziaria da coprire, per cui l'equazione diventa:

H = Pft + (Ps't+1 – Pft+1) + (Pst+1-Ps't+1)

dove:

Ps't+1 indica il prezzo al tempo t+1 dell'attività sottostante il future (diversa

dall'attività da coprire nella strategia complessiva);
(Ps't+1 - Pft+1) la base che si avrebbe se il sottostante del future e l'attività da coprire fossero coincise;
(Pst+1 - Ps't+1) la base derivante dalla differenza tra le due attività.

Poiché il future per le sue caratteristiche è diverso dall'attività sottostante (basti pensare alla dinamiche dei prezzi), per perseguire una copertura ottimale è importante stabilire il numero ottimale di contratti per calmierare il rischio e verificarne il grado di copertura.
Per farlo è necessario determinare il rapporto di copertura ottimale, definito **hedge ratio**, dato dalla seguente formula:

hr = corr(Ps;Pf) dev.st(Ps)/dev.st(Pf)

dove:

corr(Ps;Pf) è il coefficiente di correlazione tra la variazione del prezzo spot in un arco temporale pari alla durata della copertura e la variazione del prezzo future in un periodo di pari ampiezza;
dev.st(Ps) è la deviazione standard del prezzo spot in un intervallo pari alla durata della copertura;

dev.st(Pf) la deviazione standard del prezzo future in un periodo di durata pari alla vita della copertura.

Definito il rapporto è possibile calcolare il numero ottimale dei contratti per la copertura:

numero ottimale = hr Ns/Qf

dove:

hr indica l'hedge ratio;

Ns la quantità di merce o attività finanziaria da coprire;

Qf il numero di contratti futures per farlo.

Se la copertura viene osservata e aggiustata frequentemente è detta 'dinamica', se lasciata invariata nel tempo 'statica'.

3.3 Il rischio commodity

Uno dei rischi che storicamente ha spinto gli operatori di mercato, e soprattutto le imprese, a ricorrere al mercato dei derivati è il rischio commodity.
Con esso di intende il rischio correlato alla fluttuazione dei prezzi delle materie prime utilizzate da un'azienda per svolgere la sua attività e può essere di breve, di medio o di lungo periodo.
Nel primo caso di definisce "rischio transattivo" ed è riferito a un arco temporale tra 1 e 3 mesi (di solito il tempo che intercorre tra il momento in cui sorge l'impegno a incassare o pagare e il momento in cui l'incasso o il pagamento viene effettuato oppure il lasso temporale tra l'ordine sette e la vera e propria consegna) e consiste nel rischio di pagare o ricevere un importo maggiore o minore rispetto al prezzo di mercato a seguito di uno specifico ordine commerciale.
Nel caso di medio periodo (3-18 mesi) si

parla di "rischio economico", espressione con la quale si intende il rischio di subire un aumento dei costi e/o un calo delle vendite a causa di movimenti contrari del prezzo delle materie prime.
In ultimo, si parla di "rischio competitivo" per intendere il rischio di lungo periodo (oltre i 18 mesi) derivante da una variazione significativa e duratura del prezzo delle materie prime.
In tal caso lo scostamento potrebbe recare all'azienda una perdita di competitività in termini assoluti, favorendo i beni succedanei, o generare un aumento dei costi non trasferibili al mercato finale.

I soggetti esposti al rischio commodity si riconducono a tre categorie:

- produttori, vale a dire agricoltori, allevatori, estrattori di metalli e materie prime, etc., per i quali una diminuzione del prezzo della commodity comporta una diminuzione nei ricavi, e in generale un disincentivo a svolgere la loro attività, mentre un aumento dei prezzi potrebbe invece far aumentare la redditività aziendale, anche se potrebbe incentivare un aumento della concorrenza e comunque una riduzione dei margini di guadagno;
- acquirenti, cioè gli utilizzatori di materie prime per la gestione della loro

attività commerciale e produttiva, esposti al rischio transattivo in quanto il rischio commodity potrebbe verificarsi nel periodo che trascorre tra l'ordine e la consegna della merce. Una diminuzione dei prezzi potrebbe infatti implicare un aumento della redditività aziendale, mentre un loro aumento potrebbe comportare un calo della redditività se l'azienda non riuscisse a trasferire completamente i maggiori costi;

- esportatori, esposti al rischio politico poiché nel periodo che intercorre tra il momento dell'acquisto e la consegna della merce potrebbero subentrare modifiche legislative o regolamentari con conseguente innalzamento o riduzione dei prezzi della commodity di riferimento.

3.4 Strategie con le opzioni

I contratti di opzione si prestano all'analisi di qualsiasi tipo di operatore. La semplicità della struttura e la similitudine con il contratto di assicurazione di alcune caratteristiche essenziali di questo strumento lo rendono adatto alle esigenze tanto del risparmiatore più avverso al rischio quanto a quelle dell'investitore più sofisticato.
Le opzioni abbiamo infatti visto che consentono di assumere posizioni al rialzo, o al ribasso, sul mercato limitando il rischio assunto ma non i potenziali profitti derivanti dal successo dell'operatività impostata.
Per la loro natura, questi strumenti sono ampiamente utilizzati per coprire il rischio legato, soprattutto, alla volatilità dei prezzi di attività reali e finanziarie, ma possono essere utilizzate anche unicamente per trarre vantaggio dalle oscillazioni di prezzo impiegando un capitale limitato: come i futures, si prestano infatti indistintamente sia ad operazioni di hedging, sia speculative, con protagonisti operatori che spaziano tra

grandi aziende e PMI, gestori di portafoglio e grossi speculatori, piccoli risparmiatori privati e trader professionali.

Immaginando un investitore con un portafoglio diversificato di titoli azionari che voglia coprirsi dal rischio di ribasso di questi acquistando opzioni put sul relativo indice azionario: attraverso questa portfolio insurance strategy egli potrà beneficiare di un rialzo del prezzo di mercato delle azioni in portafoglio e perdere al massimo il premio pagato per l'acquisto dell'opzione put nel caso il mercato scenda.
Ricorrendo al mercato futures per coprirsi, da un lato non avrebbe dovuto pagare un premio, dall'altro, sulla base di quanto osservato in precedenza, avrebbe dovuto invece mirare alla "sterilizzazione" sia dei guadagni che delle perdite.
Supponendo che l'investitore voglia invece portare avanti un'operatività più marcatamente speculativa, egli può acquistare un'opzione call senza acquistare il sottostante e puntare a conseguire un guadagno se il mercato di quest'ultimo salirà (esercitando il diritto di opzione e rivedendo le azioni sul mercato). Se le previsioni sono

sbagliate, la perdita massima sarà pari al premio pagato.
Se volesse speculare sfruttando un leverage maggiore di quello delle opzioni e/o acquistando anche il sottostante l'investitore dovrebbe invece operare in futures, più adatti per operatività molto spregiudicate.

Per coprire le perdite, generare un profitto e limitare l'investimento iniziale hedgers e speculatori possono scegliere strategie costruite con combinazioni di contratti di opzione.
Tra le più note, ad esempio, le BULL SPREAD, caratterizzate da una visione del mercato di lieve rialzo, e le BEAR SPREAD, dove si scommette invece su un lieve ribasso del mercato.
Le prime, nel caso di **BULL CALL SPREAD**, consistono nell'acquisto di un'opzione call ad un prezzo d'esercizio inferiore e nella vendita di una call ad un prezzo d'esercizio più elevato ma con pari scadenza. Il rischio massimo di questa strategia consiste nel debito netto necessario per aprire le posizioni e si verifica quando il sottostante quota un prezzo non superiore allo strike.
Nel caso di **BULL PUT SPREAD** si acquistano put con prezzo d'esercizio inferiore (ma out of the money) e si vendono put con strike superiore. La differenza tra gli strike in

questa strategia deve essere minima, in modo da ridurre il più possibile i costi e monetizzare i movimenti rialzisti.
Per quanto riguarda le strategie al ribasso, la **BEAR PUT SPREAD** prevede l'acquisto di opzioni put con prezzo d'esercizio superiore e al vendita di put con strike inferiore. Anche in questo caso il rischio massimo è rappresentato dal debito netto per aprire le posizioni, mentre il massimo guadagno ammonta alla differenza tra i due strike meno il debito netto e si verifica quando il sottostante quota un prezzo inferiore allo strike della put venduta.
La **BEAR CALL SPREAD** è una strategia ribassista che prevede l'acquisto di opzioni call con prezzo d'esercizio superiore (ma otm) e la vendita di una call con prezzo d'esercizio inferiore. Il massimo realizzabile da questa strategia è il credito incassato dal suo perfezionamento al netto dei costi (tempo e risorse) sostenuti per costruirla (soprattutto per scegliere i prodotti con le scadenze adeguate).

Le quattro strategie osservate sono del tipo "spread verticali", comportano cioè l'acquisto e la, simultanea, vendita di pari

quantitativo di opzioni call e put aventi il medesimo sottostante, strike diversi e medesime scadenze, puntando sul movimento rialzista o ribassista del mercato di quest'ultimo.
Un operatore con forte propensione alla speculazione può però entrare nel mercato delle opzioni per fare profitti con la volatilità dei prezzi senza avere serie convinzioni sulla direzione del mercato, mirando ad una forte oscillazione delle quotazioni. In tal caso può comprare contemporaneamente un'opzione call ed una put e dare vita a strategie di tipo **STRADDLE**, se i prezzi d'esercizio dell'opzione call e della put sono identici, o **STRANGLE**, in caso di strike non coincidente: se la volatilità aumenta l'operatore guadagna, viceversa perde il premio di entrambe le opzioni.

Per le caratteristiche sintetizzate fin qui e l'utilizzo storico che ne fanno gli operatori, le opzioni rappresentano, più di ogni altro contratto derivato, lo strumento più utile per interpretare il **sentiment di mercato**.
E proprio attraverso l'analisi della volatilità delle opzioni più liquide, negoziate sui mercati dove si registrano elevati volumi quotidiani, che spesso si formano i prezzi del sottostante. Sovente accade infatti che i

movimenti sulle opzioni aventi determinate scadenze e strike vicinissimi finiscano infatti per convincere gli operatori sull'andamento del mercato del sottostante e che si acquisti direttamente quest'ultimo anziché pagare il premio per riservarsi il diritto da esercitare entro la scadenza (o alla data di questa se l'opzione è di tipo europeo).
Una strategia che, per quanto possa apparire molto elementare, è ampiamente diffusa e risalta quanta importanza abbia questa categoria di derivati per i protagonisti del mercato.

3.5 Perché gli swap?

I contratti swap rappresentano la novità più recente nel campo dei derivati negoziati sui mercati finanziari su larga scala.
Introdotti agli inizi degli anni '80 del secolo scorso, questi strumenti hanno fatto segnare una continua crescita, tanto che oggi sul mercato globale vengono negoziati contratti per centinaia di miliardi di dollari l'anno.
Il motivo del successo degli swap risiede proprio nella molteplicità di modi per gestire i flussi di cassa da essi garantiti.
Gli swap, in genere, sono utilizzati per coprire o correggere posizioni rischiose e per adeguare un dato flusso finanziario ad una determinata posta. In tal modo è possibile, ricorrendo ad esempio agli interest rate swap, dare vita a strategie per ridurre l'effettivo costo di un finanziamento (non si possiede, ad esempio, un rating tale per negoziarne uno più conveniente sul mercato del credito) o aumentare il rendimento atteso di un investimento, piuttosto che, mediante currency swap, accedere indirettamente a mercati non facilmente, o

efficientemente, accessibili (perché, ad esempio, non sufficientemente noti sulla piazza straniera per poter ottenere credito in valuta estera).

Appendice 1

*L'operatività spot sul Forex: i costi principali

Quando si parla di operatività sul Forex occorre distinguere tra operatività a pronti (spot) e operatività a termine.
Con la prima si fa riferimento alle operazioni di compravendita aventi ad oggetto valute nel mercato spot, cioè a quelle transazioni che vengono regolate in valuta al secondo giorno successivo la conclusione della negoziazione, mentre l'operatività a termine si riferisce alle operazioni il cui regolamento è in genere posticipato di diverse settimane, mesi o anni, attraverso l'utilizzo di strumenti quali swap, futures ed opzioni su valute.

L'operatività sul mercato spot del Forex implica la conoscenza dei costi relativi ad essa, i principali dei quali sono spread, interessi e margini.
Lo **spread** è il differenziale tra le due quotazioni in cui viene espresso un dato tasso di cambio, ossia tra la quotazione bid

(o denaro), alla quale è possibile vendere un dato cross valutario, e la quotazione ask (o lettera), alla quale è possibile acquistare una valuta rispetto un'altra.
Chiunque inizi ad operare sul Forex deve prestare particolare attenzione a questa variabile, poiché il suo valore costituisce il movimento minimo che il mercato deve fare per consentire al trader di trarre un profitto dalla sua strategia. Vi sono spread fissi o variabili, ed è fondamentale fare attenzione a quest'ultimo quando si sceglie un Forex broker. Di norma, differenziale è minimo per le coppie più frequentemente oggetto di scambio (come i cross EUR/USD, USD/JPY, GBP/USD, etc.), mentre diventa più ampio per le coppie di valute più "esotiche" e meno negoziate.

Quando le posizioni in valuta non sono liquidate in giornata, le posizioni aperte vengono portate avanti anche nei giorni successivi e questo tipo di operatività (overnight) implica un costo (**interesse**) per la copertura del finanziamento che si sta ottenendo per mantenerle aperte.
Nel caso di acquisto di un cross valutario con la valuta principale che ha un tasso d'interesse maggiore di quello della valuta secondaria, sull'esposizione si riceverà un tasso d'interesse pari al differenziale tra i

due tassi di interesse, nel caso opposto si pagherà sulla propria esposizione il differenziale tra i due tassi.

Ma quando si decide di operare sul Forex anche i margini richiesti dai brokers specializzati hanno un grosso peso. Gran parte di essi infatti permette al trader di operare ricorrendo alla leva finanziaria e il **margine** è la quota di capitale necessaria da versare come garanzia per operare in valuta. Esso sarà tanto minore quanto maggiore è la leva finanziaria offerta dal broker e deve essere integrato, pena la chiusura del conto, nel caso in cui scenda sotto il livello minimo a seguito di perdite sulla posizione assunta.

Appendice 2

*Trading, speculazione e azzardo online: CFD e opzioni binarie

Banche e broker online mettono a disposizione di trader e speculatori strumenti derivati sempre più appetibili, soprattutto per quanto riguarda il grado di leva finanziaria offerto.
Se per operare su indici, azioni e commodity tanti istituti di credito forniscono ai loro clienti diverse piattaforme per negoziare contratti per differenza (CFD), strumenti utilizzati inizialmente da alcuni hedge funds e investitori istituzionali per coprire la loro esposizione in azioni sul London Stock Market , altri, principalmente broker specializzati nella negoziazione su mercati altamente liquidi e speculativi, ricorrono alle opzioni binarie, strumenti derivati con forti connotati della scommessa.

I **CFD**, o contratti per differenza (contracts for difference), sono strumenti finanziari con cui è possibile negoziare un

indice, un dato quantitativo di azioni o una commodity senza effettivamente possedere l'asset sottostante. Il prezzo di un CFD è il prezzo del sottostante, del quale segue le identiche dinamiche.
A differenza del trading con gli asset sottostanti, nel trading con i CFD non ci sono commissioni di scambio, che di fatto non avvengono, e ad essi è associata una leva finanziaria, assente per i titoli più comuni. Essi sono negoziati in marginazione, ricorrendo dunque alla leva finanziaria per moltiplicare al massimo il capitale impiegato per il trading, e, di conseguenze, i profitti (e le perdite), cosicché il trader deve mantenere un margine minimo: se la somma depositata presso la società che emette il CFD scende al di sotto del livello di margine minimo, l'operatore deve coprire (margin call) rapidamente la posizione, altrimenti il broker potrebbe liquidare le sue posizioni.

Le **opzioni binarie** sono opzioni il cui playoff è limitato ad una ammontare fisso dell'asset o nullo. L'esito dell'investimento ha quindi due soli possibili risultati (per cui il nome dello strumento): o si guadagna il ricavo fissato all'atto della stipula del

contratto o si perde la somma impiegata.
Il funzionamento dell'opzione binaria sembra ricalcare quello di una scommessa sul trend del sottostante, motivo delle tante polemiche su questo contratto così diffuso online e alla base di moltissime piattaforme per trading su valute e indici.

Appendice 3

*La crisi dei subprime

La crisi finanziari scoppiata sul finire del 2006 negli USA e che tuttora descriviamo nelle sue manifestazioni più cruente è ormai per tutti la crisi dei subprime, dal nome dei prestiti ad alto rischio finanziario concessi dagli istituti di credito a favore di clienti a forte rischio insolvenza.
Fenomeno che, raggiunte dimensioni non più trascurabili, diviene sinonimo di eccessivo livello di speculazione da parte del sistema creditizio e finanziario e che, nello specifico, degenera quando inizia a sgonfiarsi la bolla immobiliare statunitense e molti titolari di mutui subprime (eletti a loro volta a garanzia di altre operazioni cartolarizzate) diventano insolventi per il rialzo dei tassi di interesse.
La crisi diventa tangibile già nella primavera del 2007, complice l'esplosione di una spirale di fallimenti che sembra non avere tregua, negli Stati Uniti come nel mondo occidentale tutto, e soprattutto nel 2008, quando tra settembre e ottobre scompaiono le principali

banche d'affari d'oltreoceano: Lehman Brothers, ormai un'istituzione su scala globale, dichiara bancarotta il 15 settembre, mentre Goldman Sachs e Morgan Stanley, gli altri due colossi del settore, sette giorni dopo diventano banche ordinarie.
Mentre il sistema bancario su scala globale vacilla sotto il peso della speculazione, che inizia a spingersi anche sul debito sovrano dei Paesi più esposti al rischio default, gli indici delle maggiori piazze finanziarie mondiali arretrano a livelli ormai ascrivibili al secolo precedente, azzerando gran parte dei progressi registrati in oltre 30 anni, e la corsa dei fallimenti e degli attacchi alla solidità del sistema bancario e finanziario su scala globale non si placa.
I ripetuti interventi della Federal Reserve, della Banca Centrale Europea e della Bank of Japan creano i "tappi" allo sversamento di denaro dal sistema e piccole barriere agli attacchi speculativi, le borse riprendono smalto, le banche si ricapitalizzano e cercano di raggiungere una maggiore solidità patrimoniale, non si parla più ossessivamente di credit crunch, il problema disoccupazione compare e scompare a seconda dell'opportunità politica di parlarne,

ma il trend dell'economia reale su base mondiale non sembra dare segnali di inversione.
Oggi si parla di ripresa e stiamo a vedere, ma la crisi, e la svalutazione degli asset, partita con i mutui subprime è costata nei soli primi due anni, secondo le stime del Fondo Monetario Internazionale, un terzo della retribuzione per 600 milioni di lavoratori o, in alternativa, un quinto del loro stipendio per cinque anni.
Una grossa fetta del lavoro di donne e uomini andato letteralmente in fumo.

- Triennial Central Bank Survey of foreign exchange and derivatives market activity in 2013, Bank for International Settlements, settembre 2015
- Guadagnare su internet con il Forex. Guida agli strumenti e ai segreti per operare sul mercato delle valute. Enzo Mauro, Flaccovio Dario editore, 2009
- Moneta, informazione e incertezza. Charles Albert Eric Goodhart, a cura di Giovanni Battista Pittaluga, Il Mulino, 1994
- I principali prodotti derivati. Elementi informativi di base. Consob, ottobre 2012.
- Opzioni, Futures e altri derivati. John C. Hull. Paravia, Bruno Mondadori Editore 2007 (6° edizione)
- Gli strumenti finanziari derivati. Allegato tecnico. Consob, gennaio 2005.
- Guida alle opzioni. Aspetti teorici. Borsa Italiana, aprile 2001.
- Indagine conoscitiva sugli strumenti finanziari derivati. Camera dei Deputati, Commissione VI Finanze, febbraio 2015.
- Indagine conoscitiva sugli strumenti finanziari derivati. Camera dei Deputati, Commissione VI Finanze, giugno 2015 (Testimonianza del Vice Direttore Generale della Banca d'Italia Luigi Federico Signorini).
- Triennal Central Bank Survey of Foreign Exchange and Derivatives market activity in 2013. Bank for International Settlements, settembre 2015.
Costante riferimento nella scrittura del testo:
- Wikipedia.
- Articoli dell'autore pubblicati su giornali e riviste web e siti di giornalismo partecipativo.

L'autore:

Marco Notari è un analista creditizio.
Da consulente finanziario indipendente, blogger e web editor, si è spesso occupato di fatti economici e finanziari, esaminando a più riprese strumenti di negoziazione, crisi economica, nuovi mercati, speculazione e trading.

www.ingramcontent.com/pod-product-compliance
Ingram Content Group UK Ltd.
Pitfield, Milton Keynes, MK11 3LW, UK
UKHW020222250726
13967UKWH00001B/142
9 781326 675745